Vera Rosenauer

(Über)Lebenstraining für Eltern

Bibliografische Information der Deutschen Nationalbibliothek:
Die Deutsche Nationalbibliothek verzeichnet diese Publikation in der Deutschen Nationalbibliografie; detaillierte bibliografische Daten sind im Internet über http://dnb.dnb.de abrufbar.

Grafik & Layout: Stefan Santos – www.diefabrik.at

Herstellung und Verlag: BoD – Books on Demand, Norderstedt
ISBN 978-3-7357-9237-2

INHALT

INHALT

Abenteuer Erziehung …

… war ursprünglich der Titel einer Seminarreihe, die ich als Abschlussarbeit im Rahmen meiner Ausbildung als Lebens- und Sozialberaterin mit Schwerpunkt Erziehungsberatung konzipiert habe. Im Frühjahr 2008 hat das erste Seminar stattgefunden, wobei ich lieber von Workshop spreche, denn von den Teilnehmerinnen ist aktive Mitarbeit gefordert. Mittlerweile wurde in vielen Workshops heiß diskutiert, Fragen wurden gemeinsam erörtert und Eltern konnten sich mit Gleichgesinnten austauschen.

Ich möchte mich an der Stelle bei meinen Besucherinnen bedanken, die durch ihre Fragen und Anliegen meine Arbeit bereichern. Durch ihre aktive Teilnahme gleicht kein Workshop dem anderen, immer neue Aspekte werden eingebracht und halten so die Seminare lebendig.

Mit meiner Arbeit begleite ich Familien ab der Schwangerschaft bis etwa zum Volksschulalter der Kinder – ich habe mich auf die ersten Jahre spezialisiert, weil sie meiner Meinung nach die wichtigsten im Leben eines Kindes sind. Weltbild und Geschmacksprägungen entstehen, es werden wesentliche Weichen für die Zukunft gestellt.

Ich kombiniere die Themen Erziehung und Ernährung, weil sich in meiner Praxis gezeigt hat, dass beides oft zusammenhängt. So kann die Tatsache, dass ein Kind nichts essen will auch daran liegen, dass der Hochsessel einfach nicht altersadäquat ist.

Besonders am Herzen liegt mir, die Mütter zu stärken! Die Gesellschaft erwartet, dass sie nach der Geburt eines Kindes für die nächsten 18 Jahre glücklich zu sein haben, aber gleichzeitig wird Müttern gern die Schuld zugeschoben, egal ob die Kinder jetzt zu dünn oder zu dick, zu wild oder zu ruhig sind. Die oft geforderte Gelassenheit gibt es nicht einfach im Supermarkt zu kaufen. Mein

Ziel ist es, den Müttern wenigstens ein Stück Gelassenheit und Sicherheit mit auf ihren Weg zu geben!

Dieses Buch ist sozusagen die Essenz aus meinem Workshop-Angebot, ein Streifzug durch Themen, die Eltern von Babies und Kleinkindern bewegen. Denjenigen, die schon Workshops besucht haben, mag es als Nachlese dienen, andere werden vielleicht durchs Lesen auf das „Live"-Angebot neugierig.

Den Büchertisch zum Schmökern ersetze ich hier durch Literaturempfehlungen, die direkt an die entsprechenden Kapitel angeschlossen sind.

Mir besonders wichtig erscheinende Aspekte und Sätze finden Sie leicht auffindbar neben diesem Zeichen – sie eignen sich mitunter sehr gut als Erinnerung auf einem Post-it auf dem Kühlschrank.

Aus Gründen der leichteren Lesbarkeit verwende ich die weibliche Form, Männer (und Väter) mögen sich natürlich ebenso angesprochen fühlen.

Dieses Buch ist bewusst kurz und prägnant gehalten, ich weiß nur zu gut, dass im Familienalltag meist nur wenig Zeit zum Lesen bleibt. Bitte beachten Sie, dass natürlich all dieses Expertenwissen gut und wunderbar ist, aber letztendlich sind Sie als Mutter die Expertin für Ihr Kind – verlieren Sie daher nie das Vertrauen in Ihr Bauchgefühl!

Denn dass sich Theorie und Praxis unterscheiden, ist schon länger bekannt – wie wir am Beispiel des Earl of Rochester sehen:

„Bevor ich heiratete, hatte ich sechs Theorien über Kindererziehung. Jetzt habe ich sechs Kinder und keine Theorie."

John Wilmot, Earl of Rochester (1647-80), engl. Dichter

Erziehung – was heißt das eigentlich?

Bekanntlich wird das Gras nicht länger, wenn man versucht, daran zu ziehen – so sagt schon ein altes chinesisches Sprichwort.

Das ist mir immens wichtig, dass Erziehung nicht versuchen sollte, Kinder in eine bestimmte Richtung zu ziehen, sondern immer das eine Kind, um das es gerade geht, mit all seinen Besonderheiten, Talenten und Eigenschaften vor Augen zu haben. Genauso natürlich die beteiligten Eltern mit all ihren Besonderheiten, Talenten und Eigenschaften.

Ziel ist die Bedürfnisse aller Beteiligten nach Möglichkeit unter einen Hut zu bringen – das ist ganz schön schwierig und anstrengend. Verabschieden Sie sich von dem Glauben, dass das bei anderen Familien so einfach läuft!

Wann beginnt man eigentlich mit dem Erziehen?

Das ist eine mir oft gestellte Frage. Es ist noch gar nicht lange her, da wurde schon mit wenigen Monaten alten Babies mit dem Töpfchentraining begonnen und „schlechte Gewohnheiten" wie Schreien sollten laut Ratgeberliteratur ignoriert werden, damit sie nicht verinnerlicht werden.

Meiner Meinung nach ist bis zu dem Zeitpunkt, an dem das Baby mobil wird – also zu krabbeln beginnt – jedweder Erziehungsversuch fehl am Platz. Je jünger das Baby, umso mehr ist möglichst rasche Bedürfnisbefriedigung angesagt.

Ab dem Krabbelalter ist dann erstmals das Festlegen von Grenzen gefragt, rein zur Sicherheit des jungen Abenteurers. Hier greifen Eltern dann am besten zur „Erziehung durch Umweltgestaltung" – wenn Sie Ihre wertvollen Weingläser (und Ihr Baby!) schützen wollen, dann räumen Sie die Gläser für die nächsten Jahre einfach in den Keller statt ständig das Krabbeln in Richtung Gläserregal zu verbieten!

Auf Dauer gesehen zeigt aber ohnehin nur die „Erziehung durch Vorbild sein"-Wirkung – Kinder werden immer das tun und sagen, was Sie von Ihnen hören und sehen.

„Es gibt keine andere vernünftige Erziehung, als Vorbild sein – und wenn es nicht anders geht, ein abschreckendes."

Albert Einstein

Die Sicht der Evolutionsbiologen

Die klassische Pädagogik geht davon aus, dass Kindern etwas fehlt, das wir ihnen durch Erziehung beibringen.

Mir gefällt viel besser der Ansatz der Evolutionsbiologen, der besagt, dass alle Verhaltensweisen, die unsere Kinder an den Tag legen, in den letzten 10 000 Jahren ihren Sinn gehabt haben. So hat zum Beispiel das Schlafen in direkter Nähe eines Erwachsenen über viele Generationen das Überleben gesichert, denn nur der konnte gegen plötzlich auftauchende Raubtiere etwas tun. Nun sind Raubtiere in mitteleuropäischen Kinderzimmern eher selten anzufinden, aber der Drang ins elterliche Bett zu wollen ist nach wie vor da!

Kinder sind aus dieser Sicht somit perfekte Kinder und keine „unperfekten" Erwachsenen und genau das sollten wir immer im Hinterkopf behalten.

Andererseits haben Kinder auch kein Anrecht auf perfekte Eltern – es ist ganz normal, dass Eltern Fehler machen oder auch mal ausrasten. Von wem sonst würden Kinder lernen, wie man Fehler wieder gut macht oder sich entschuldigt?

Literaturempfehlung:

Born to be wild – wie die Evolution unsere Kinder prägt
Dr. Herbert Renz-Polster, Kösel-Verlag

Erziehung – Stile und Ziele

Viele Eltern wissen ganz genau, dass sie „es" nicht so machen wollen, wie es ihre eigenen Eltern gemacht haben. Wie genau jedoch die Alternative aussehen soll, wird nicht aktiv überlegt oder reflektiert. Im Stress, wenn das eigene Kind einem anderen Kind etwas wegnimmt oder es haut, wird dann auf die altbekannten Muster aus der Kindheit zurückgegriffen und später wundert man sich: „Jetzt hab ich genau so reagiert, wie ich nie wollte!"

Schauen wir uns also einige Erziehungsstile genauer an, Sie können dann für sich überlegen, was Ihnen aus Ihrer Kindheit bekannt vorkommt und zu welchen Mustern Sie neigen.

Der autoritäre Stil

Das eindeutige Erziehungsziel des autoritären Stils ist Gehorsam. Es hat das zu geschehen, was die Eltern wollen – Kritik oder Selberdenken ist nicht gefragt! Die Methoden der Wahl sind Bestrafung und/oder Belohnung (mehr über die Risken von Belohnung auf 44), die Beziehung ist streng hierarchisch.

Autoritär erzogene Kinder sind oft angepasst, fast ängstlich, reagieren dafür in der Pubertät häufig rebellisch. Sie haben die Welt strikt in schwarz und weiß, gut und böse sowie richtig und falsch eingeteilt kennengelernt und sind auch im Erwachsenenalter immer wieder auf der Suche nach einer Autorität.

Der antiautoritäre Stil

Hier lautet das oberste Erziehungsziel: individuelle Selbstentwicklung! Modern wurde dieser Stil in den 60ern des letzten Jahrhunderts im Zuge der Studentenbewegung – dem Kind ist alles erlaubt, denn es soll sich frei entfalten können. Bei kindlichen Wünschen ist elterliches Nachgeben gefragt – wenn die elterliche Geduld dann doch nicht ausreicht, kippen selbst strikt antiautoritär erziehende Eltern in autoritäre Muster!

Auf den ersten Blick scheint dieser Erziehungsstil für das Kind recht angenehm, doch gerade so grenzenlos erzogene Kinder machen sich in ihrer scheinbar maßlosen Art auf die Suche nach Grenzen, in der Pubertät manchmal sogar auf selbstgefährdende Weise.

Beide Stile werden und wurden natürlich nicht in „Reinform" gelebt, meist ist es ein Schwanken zwischen diesen Polen.

„Alte Erziehungsmethoden kann man nur dann aufgeben, wenn man neue hat." *John Gray*

Was also ist dann ein empfehlenswerter Erziehungsstil?

Sozial-Integrativ, demokratisch, autoritativ, partnerschaftlich – viele Bezeichnungen finden wir hier, sie alle pendeln sich etwa in der Mitte der beiden oben genannten Stile ein. Können wir beim autoritären Stil sagen, hier erlebt das Kind „Grenzen ohne Freiheit", beim antiautoritären „Freiheit ohne Grenzen" – der Mittelweg, das Kind „Freiheit innerhalb von Grenzen" erleben zu lassen, ist die denkbar sinnvollste Variante.

Beim Erziehungsziel wird es für die Eltern ein Stück schwieriger, das ist nicht mehr so genau und eindeutig vorgegeben. Es gilt sich über die eigenen Werte im Leben klar zu werden und sie dem Kind vorzuleben.

Wer zum Beispiel für sich feststellt, dass sein persönliches Erziehungsziel Selbstverantwortung ist – wird überlegen müssen, wo erlebt mein Kind, dass ich Verantwortung für mich selbst übernehme, wo bin ich Vorbild? Und andererseits Möglichkeiten suchen und finden müssen, wo sein Kind sich selbst als selbstverantwortlich erleben kann – vielleicht bei der Auswahl der Kleidung, bei altersadäquaten Entscheidungen oder beim Verkauf von nicht mehr gebrauchten Spielsachen auf dem Flohmarkt.

Genau dieses Leben persönlicher Erziehungsziele macht es natürlich auch schwer – wo nehme ich als Mutter oder Vater ein Vorbild her? Sehr hilfreich ist hier der Austausch mit anderen Eltern in Gruppen oder Workshops, wo verschiedene Ansätze und Ideen diskutiert werden können.

Die partnerschaftliche Eltern-Kind-Beziehung

Der Umgang von Eltern und Kindern ist am besten von Respekt geprägt und partnerschaftlich, doch Achtung, hier passiert oft ein Missverständnis – mein Kind als gleichwertigen Mensch zu sehen, heißt nicht, dass dieses Kind auch gleichberechtigt ist.

WICHTIG:
Gleichwertig heißt nicht gleichberechtigt!

Wir Eltern haben mehrere Jahre Lebenserfahrung voraus und bei uns liegt die Entscheidung, welche Rechte und Verantwortung wir dem Kind überlassen – gemäß seinem Alter, seiner Entwicklungsstufe, seinem Temperament und seinen Talenten.

Erziehungsziel Selbstständigkeit

Selbstständigkeit ist ein Erziehungsziel, das ich oft von Eltern höre. Weil ich eine Freundin genauer Definitionen bin, frage ich gerne nach, was genau sie denn darunter verstehen. Dann herrscht meist Schweigen, gefolgt von Antworten wie:

- „Na ja, das Kind soll seine Sachen selbst erledigen können"
- „Es soll halt unabhängig sein"
- „Schlafen im eigenen Zimmer"

Selbstständigkeit heißt für mich nicht, dass das Kind „selbstständig" seine Schuhe anzieht, wenn die Eltern das von ihm verlangen – das wäre Gehorsam.

Jedes Kind strebt ganz von selbst nach Selbstständigkeit – es möchte sich selber umdrehen, selber gehen, selber sprechen, (irgendwann bestimmt sogar selber aus der elterlichen Wohnung ausziehen ;-)). Das „Selber" im Trotzalter ist ein schönes Beispiel dafür.

Allerdings bestimmt jedes Kind auch sein Tempo selbstständig. Es braucht eine sichere Basis und muss sich wohlfühlen, um die Motivation zum Selbstständig-Sein verspüren zu können. Ein schüchternes Kind wird nicht „selbstständig" in eine Spielgruppe hineinlaufen, sondern sich alles zuerst einmal von Mamas Schoß ansehen. In dem Fall hängt auch viel von der persönlichen Sichtweise ab. Obige Situation kann die Mutter als Schwäche des Kindes interpretieren, als Angst vor anderen Kindern und sie kann sich bereits Sorgen um die Zukunft machen: „Oh, mein Gott, so wird mein Kind nie Freunde finden!"

Oder sie sieht es als Stärke ihres Kindes, dass es zuerst die Lage checkt und sich einen Platz unter den anderen Kindern sucht, wo es sich einklinken kann. Auf die Wichtigkeit der elterlichen Sichtweise kommen wir noch im Kapitel Selbstwert stärken (Seite 13) zurück.

Mit der nötigen Balance zum Ziel – eine Gratwanderung

Ganz besonders müssen wir auf dem Weg zur Selbstständigkeit auf die Balance zwischen Festhalten und Loslassen, zwischen Fördern und Fordern, zwischen Schützen und Überbehüten achten. Dazu ein Patentrezept zu haben, wäre wohl der Wunsch vieler Eltern. Es ist ok, Fehler zu machen – wenn wir hinterher reflektieren und es in Zukunft anders versuchen.

Vielleicht probieren Sie es ab und zu sich selbst die Frage zu stellen: „Was nehme ich meinem Kind ab, das es selbst schon kann?“ Die Antworten darauf sind mitunter ganz schön schmerzhaft.

Natürlich sind wir schneller unterwegs, wenn das Kind im Buggy sitzt – aber könnte es nicht auch schon durchaus den Weg zu Fuß bewältigen? Natürlich mault das Schulkind, weil alle anderen die Schultasche getragen bekommen, und wir könnten uns das ersparen, wenn wir sie auch tragen würden. Den Weg des geringsten Widerstandes zu verlassen, ist notwendig, wenn das Kind Selbstständigkeit entwickeln soll und eine gute Investition in die Zukunft, in die eigene und in die des Kindes!

Stärken stärken

In unserer Gesellschaft ist eher üblich, an jemandes Schwächen herum zu feilen, als sich auf seine Stärken zu besinnen, um damit Herausragendes zu leisten.

Erinnern Sie sich an Ihre Schulzeit? Vier Seiten Text bei der Deutsch-Schularbeit und was ist deutlich rot markiert? Die drei Fehler! Vom Rest wird nicht gesprochen, was besonders gut war, wird nicht einmal erwähnt. Es ist also eine wichtige Aufgabe für

Eltern, die Stärken ihrer Kinder wahr zu nehmen und die Kinder auch erleben zu lassen. Was genau können Eltern tun?

Tun Sie nichts für Ihr Kind, das es selber schon kann! Sagte schon Maria Montessori. Klingt leicht in der Theorie, ist oft schwierig in der Praxis – planen Sie für Aktivitäten etwa die dreifache Zeit, die Sie alleine brauchen würden. Wenn Sie einen Zweijährigen haben, werden Sie wissen, wovon ich spreche. Für 100 m Fußweg kann man locker eine halbe Stunde brauchen, wenn man jede Ameise unterwegs mit Aufmerksamkeit würdigt!

„Mit Kindern vergehen die Jahre wie im Flug. Doch Augenblicke können zu Ewigkeiten werden.“ *Jochen Mariss*

Nichtsdestotrotz ermöglicht es den Kindern Kompetenzerlebnisse und wie groß ist die Freude, wenn etwas Neues geschafft wird. Wenn die Socken endlich dort sind, wo sie hingehören! Dieser Stolz kann nur von innen kommen und wir Eltern können dafür höchstens die Umgebung bereiten, aber die Leistung erbringt das Kind selbst.

Wenn mal etwas nicht funktioniert, können wir uns darauf verlassen, dass das Kind die Lehre selbst daraus ziehen wird. Wenn Ihnen ein „Das hab ich Dir ja schon vorher gesagt!“ auf den Lippen liegt, beißen Sie besser auf selbige und verkneifen Sie sich diesen Kommentar. Wer gerade gescheitert ist, braucht nicht noch eins drauf. Oder hören Sie das gerne?

Belassen Sie Situationen, in denen etwas schief geht, mal in der Hand Ihres Kindes – vorausgesetzt natürlich, dass es keine Verletzungsgefahr gibt und nichts Wertvolles irreparabel zerstört werden kann. Sind die Schuhe falsch herum angezogen? Wenn nicht grad eine kilometerlange Wanderung ansteht, wird sich der orthopädische Schaden in Grenzen halten und das Kind bald merken, dass es andersrum bequemer ist.

Übrigens zeigt mir meine Erfahrung, dass Eltern oft davon ausgehen, dass ein Kind, das einmal eine schlechte Erfahrung mit den Folgen seines Verhaltens gemacht hat, dieses Verhalten nicht mehr wiederholt. Das hieße aber, von Kindern etwas zu verlangen, was Erwachsene nicht leisten können. Sonst würde ja niemand mehr falsch parken, wer einmal einen Strafzettel dafür kassiert hat ...

Wo es möglich ist, kann man Kindern schon Verantwortung übertragen – und sei es bloß die Farbe der Servietten fürs Abendessen auszusuchen. Bitte immer gut drauf aufpassen, dass die Verantwortung altersadäquat ist und bleibt. Die komplette Versorgung eines Haustiers einen Vierjährigen zu übertragen, führt mit Sicherheit zu Schwierigkeiten. Das Gleiche gilt für Entscheidungen – natürlich ist es eine gute Sache, Kindern Entscheidungen zu überlassen, um ihre Selbstständigkeit zu fördern. Aber Sie als Eltern müssen bewusst entscheiden, wann Sie welche Entscheidung delegieren!

„Apfelsaft oder Orangensaft?“ kann für das ausgeschlafene und gut gelaunte Kleinkind morgens eine leicht beantwortbare Frage sein, kann aber dasselbe Kind am Abend, wenn es müde und hungrig ist, in ein arges Dilemma führen – Trotzanfall vorprogrammiert. Bedenken Sie, jede Entscheidung FÜR etwas ist auch gleichzeitig eine Entscheidung GEGEN etwas und das kann ein Kleinkind durchaus überfordern!

Kinder lieben es meist, wenn sie um Rat oder Hilfe gefragt werden. Jedes Kind ist ein Experte! Vielleicht nicht immer gerade für etwas, das sich die Eltern wünschen. Aber ohne Zweifel gibt es dieses Expertenwissen – sei es, auf welchem Spielplatz es die beste Rutsche gibt oder welche Pickerl noch im Sammelalbum fehlen. Smartphone, Tablet und Co sind bei etwas größeren Kindern sowieso ein „Heimspiel“, ich kenne keinen Achtjährigen, der sich darauf nicht besser auskennt als ich!

Die „Waiter“-Haltung

Im unten genannten Buch von Heidi Maier-Hauser habe ich die „Waiter“-Haltung gefunden, die mir gerade zum Thema Selbstständigkeit sehr gut gefällt.

Einerseits bedeutet das Wort übersetzt ja Kellner (was jetzt nicht heißen soll, dass man die Kinder wie ein Dienstbote bedient!), andererseits steckt auch das Wort „wait“/„warten“ drinnen – umgelegt auf den erzieherischen Alltag, heißt das manchmal einfach nur etwas Geduld aufbringen und abwarten. Andererseits sich Verhaltensweisen eines Kellners im Luxusrestaurant abschauen, die da wären:

- Beobachten und wahrnehmen – wie sonst kann man feststellen, was der Gast braucht!
- Im richtigen Moment das Richtige bringen – zur Suppe kann kein Gast die Dessertkarte brauchen
- Nichts tun, was der Gast selber tun kann – ah, ja, das kennennen wir ja schon, oder? Kein Kellner wird dem Gast das Schnitzel schneiden …
- Rechtzeitig abservieren, was nicht mehr gebraucht wird – sonst ist bald kein Platz mehr am Tisch (und in wie vielen Kinderzimmern ist kaum noch Platz vor lauter Spielzeug?)

Literaturempfehlungen:

Lieben – Ermutigen – Loslassen: Erziehung nach Montessori,
Heidi Maier-Hauser, Beltz Verlag

Die Durchschnittsfalle: Gene – Talente – Chancen,
Markus Hengstschläger, Ecowin Verlag

Kinder stark machen – was dem Selbstwert gut tut

Selbstbild - Selbstwert – wovon reden wir hier eigentlich?

Wir Menschen neigen dazu jedem Bild sofort einen Wert zuzuschreiben, das passiert ganz automatisch und fällt uns meist gar nicht auf. Das ist auch notwendig, um Situationen einzuschätzen und richtig und angemessen zu reagieren und hat uns über viele tausend Jahre das Überleben gesichert. Stellen Sie sich vor 80 000 Jahre wandernd in der Steppe vor, plötzlich stehen Sie vor einem Säbelzahntiger. Das Bild des Tigers wird sofort im Hirn abgeglichen auf die Faktoren bekannt oder unbekannt sowie gefährlich oder ungefährlich. Diese Bewertung bildet die Grundlage für die überlebenswichtige Entscheidung: Flüchten oder kämpfen!

Das heißt, diese unmittelbare und unbewusste Bewertung der wahrgenommenen Bilder können wir auch nicht ausschalten, sondern uns nur bewusst machen. Manchmal führt das nämlich auch dazu, dass uns ein Mensch, den wir gerade kennenlernen, einfach nur unsympathisch ist. Erst wenn wir bewusst drüber nachdenken, kommen wir vielleicht drauf, dass er dem Zahnarzt aus der Kindheit ähnlich sieht, bei dem uns das Bohren so geschmerzt hat. So können wir die alte Bewertung von der jetzt unbewussten trennen!

Genauso haben wir natürlich auch ein Bild von uns selbst – „Ich bin weiblich, 1,65 cm groß und schüchtern." Und natürlich bewerten wir auch dieses Bild („Ich bin zum Glück weiblich, leider aber nur 1,65 cm groß und mag meine Schüchternheit nicht."). Je besser unsere eigene Bewertung ausfällt, umso höher wird dann unsere Selbstachtung sein und das Vertrauen in uns selbst, das Leben bewältigen zu können.

Selbstbild ist die Summe der Überzeugungen und Bilder, die Menschen von sich selbst haben.
Selbstwert ist das eigene Bewertungssystem des Selbstbildes und daraus entsteht dann das Maß unserer Selbstachtung.
Selbstachtung ist also der gute (oder schlechte) Ruf, den ich bei mir selbst habe.

Die Basis für das Selbstbild wird in der frühen Kindheit gelegt, das Selbstwertgefühl entwickelt und verändert sich unser ganzes Leben lang. Doch auch fürs Selbstwertgefühl können Eltern in der Kindheit viel dazu beitragen, dass „der Topf fürs Leben" schon ordentlich gefüllt wird.

Wie entsteht nun das Selbstbild?

Kein Baby kommt auf die Welt und denkt sich: „Aha, also ich bin ein menschliches Neugeborenes, weiblich und 54 cm groß!" Wie kommt ein Kind also zu seinem Bild von sich selbst?

Zuallererst – und das ab dem ersten Lebenstag – erfährt und spürt es, wie sich andere Menschen ihm gegenüber verhalten. Wird es sicher im Arm gehalten oder eher zittrig? Kommt jemand und kümmert sich, wenn dieses seltsame Gefühl Hunger sich in ihm breit macht und es weinen lässt?

Dabei geht es auch um Urvertrauen und um die Erfahrung einer „Existenzberechtigung jenseits einer Leistung". In autoritären Strukturen – der sogenannten Schwarzen Pädagogik – wurde früher gerne verknüpft „Wenn du brav bist, dann hab ich dich lieb!" Für das Kind heißt das allerdings, dass Nicht-Wohlverhalten ein Nichtlieben nach sich zieht und ein Kind ist aber von der Liebe und dem Versorgen durch seine Eltern abhängig! Die Botschaft muss also lauten: „Ich habe dich Kind lieb, einfach weil du bist – allerdings muss ich nicht mit jeder deiner Verhaltensweisen einverstanden sein!“ Auf diese Trennung von Person und Verhalten komme ich im Kapitel Grenzen setzen (Seite 28) zurück.

Das Wissen um die eigene Existenzberechtigung, hilft Kritik und Rückschläge aushalten zu können. Ein Mensch, der die Gewissheit hat, wertvoll zu sein, ist weniger auf die Anerkennung anderer angewiesen.

Bald wird unser Baby größer und bekommt mit, wie andere über es reden. Auch aus diesen Gesprächen erfährt es sehr viel über sich selbst. Unterschätzen Sie nicht, wie früh und was Kinder alles verstehen! Vorsicht ist geboten, wenn Sie Freundinnen über „Heldentaten“ ihres Kindes berichten und die Kinder scheinbar konzentriert daneben spielen. Das Kind hört mit und erfährt, dass es „schlimm“, „frech“ oder „unmöglich“ ist. Auch wenn es momentan vielleicht noch nicht einmal die Bedeutung des Wortes kennt – bald wird es das Wort kennen und schlimm, frech oder unmöglich in sein Selbstbild integrieren.

Achten Sie auf die Sprache – denn:
Die Sprache schafft die Realität!

Je größer und beweglicher unser Baby nun wird, kann es bald auch selbst manches einschätzen, was es bereits bewirken und schaffen kann. Welch Erfolgserlebnis sich zum ersten Mal vom Rücken auf den Bauch zu drehen oder zu einem verlockenden Gegenstand zu robben! Eine wichtige Aufgabe kommt den Eltern damit zu, eine Umgebung zur Verfügung zu stellen, in der solche Erfolgserlebnisse, das Erleben der eigenen Kompetenz möglich sind.

In Summe heißt das, dass das Selbstbild eines Menschen stark von außen bestimmt wird. Das Bild das Eltern, Großeltern, Babysitter vom Baby haben, wird das Bild, das das Baby von sich selbst entwickelt, beeinflussen. Sehr spannend ist es, wenn die nahen Betreuungspersonen ihre Bilder vergleichen. Wenn ich in der Einzelberatung ein Elternpaar über ihr Kind erzählen lasse, habe ich oft den Eindruck, sie würden von zwei verschiedenen Kindern sprechen, so unterschiedlich können ihre Einschätzungen und Bewertungen sein.

Was hat eine Steckdosensicherung mit dem Selbstwert zu tun?

Mehr als Sie vielleicht denken! In einem kindersicher eingerichteten Wohnzimmer können Sie weitgehend ruhig auf der Couch sitzen und Ihrem Kind bei seinen Erkundungen zusehen, ohne Angst, dass Ihr Kind sich verletzen könnte oder dass etwas irreparabel zerstört wird. Das ermöglicht dem Kind Erfolgserlebnisse und schont Ihre Nerven!

Deshalb – sobald das Kind zu krabbeln beginnt: Begeben Sie sich selbst auf die Knie und entfernen oder sichern alles, was gefährlich, giftig oder Ihnen wertvoll ist.

Ein wichtiger Grundsatz:
Kontrollieren Sie die Umgebung, nicht das Kind!

Was Eltern noch tun können?

Eine gesunde Portion Realismus ist hilfreich – seine eigenen Stärken, aber auch die Schwächen zu kennen und ins Selbstbild zu integrieren, ist leichter gesagt als getan! Überprüfen Sie einmal, welches Bild Sie selbst von Ihrem Kind haben, was Sie als gut und weniger gut bewerten und wie Sie das dem Kind vermitteln. Ist ein Fehler – verkehrt angezogene Schuhe, eine schlechte Note – immer gleich eine Katastrophe oder einfach ein Feedback, dass man es wohl noch einmal anders probieren sollte? Auch wenn man meist viel mehr erreichen kann, als man denkt – setzen uns unsere Anlagen manchmal Grenzen. Wer 1,60 m groß ist, kann ein leidenschaftlicher Basketballspieler sein, wird aber für den Profisport wohl zu klein sein.

Angemessen fordern und fördern – schon ganz kleine Kinder können altersadäquate Aufgaben und Verantwortung übernehmen – hier gilt es besonders wachsam sein in Bezug auf Interessen, Talente, Stärken, diese wollen wahrgenommen und gestärkt werden. Mehr dazu auch im Kapitel Selbstständigkeit auf Seite 13.

Interessant in diesem Zusammenhang finde ich auch das Konzept der Ursachenzuschreibung. Für vieles das uns tagtäglich passiert, suchen wir Gründe. Dafür gibt es das schöne Fremdwort Kausalattribuierung. Wie schon bei unserer Bewertung von Wahrnehmungen läuft dies unbewusst ab, welche Zuschreibungen wir wählen, haben wir meist in frühester Kindheit gelernt:

- Interne Kausalattribuierung: wir sehen die Ursache bei uns – „Typisch, dass ausgerechnet ich auf die Bananenschale steige!"
- Externe Kausalattribuierung: Schuld sind andere Personen und/oder Umwelteinflüsse – „So eine Frechheit – wer lässt hier eine Bananenschale liegen?"

Beobachten Sie selbst Ihre Gedanken und Aussagen, Sie leben Ihrem Kind ja Ihre Zuschreibungen vor und Ihr Kind wird vieles übernehmen. Ist ein Kind einmal in einer Rolle festgelegt, so kann es zu ungünstigen Zuschreibungen kommen. Beispiel: Der „schlechte" Schüler hat bei einer guten Note „Glück gehabt" (= extern) statt „genug gelernt" (= intern) => er hat also keinen Ansporn, mehr zu lernen, weil gute Noten ja nicht von seiner Lernleistung abhängen, sondern von äußeren Faktoren wie Glück oder leichten Beispielen!

Meist sind es nicht die großen, einmaligen Erlebnisse, die unseren Selbstwert formen, sondern die vielen kleinen Bemerkungen und Erfahrungen, der sprichwörtliche „stete Tropfen, der den Stein höhlt" – ich versuche, das Ganze in folgender Formel zusammenfassen:

$$\Sigma \text{ JA's} > \Sigma \text{ NEIN's}$$

Wenn Sie in Summe, gerechnet vom Babyalter bis zur Volljährigkeit, öfter „Ja" zu Ihrem Kind sagen als „Nein", dann sind Sie auf einem guten Weg!

Literaturempfehlungen:

Kommunikation – Selbstwert – Kongruenz,
Virginia Satir, Junfermann

Dich gibt's nur einmal auf der Welt – Geschichten, die Kinder stark machen,
Dagmar Henze, Loewe (Kinderbuch, zum Vorlesen geeignet ab ca. 3 Jahren)

Die Grundausrüstung für den Alltag

Partnerschaftlich kommunizieren in der Familie

Als ich vor vielen Jahren zum ersten Mal – hochschwanger mit meiner Erstgeborenen – mich in der Pädagogikabteilung einer großen Buchhandlung umsah, fiel mir ein unattraktiv aussehendes Buch in die Hände. Die Familienkonferenz von Thomas Gordon. Noch heute bin ich froh und dankbar, dass ich es nicht wieder weggelegt, sondern gekauft habe.

Mittlerweile habe ich mich durch viele Kubikmeter pädagogischer Ratgeberliteratur gelesen und immer noch halte ich die Familienkonferenz für das hilfreichste Werk. Warum? Weil darin kein einziger Ratschlag enthalten ist, wie der Familienalltag zu funktionieren hat, sondern Thomas Gordon die wesentlichsten Kommunikationswerkzeuge beschreibt, wie jede Familie ihren ureigenen Weg finden kann.

Zugegeben, das Wort Kommunikationswerkzeug klingt ein wenig nach, wir spannen uns die Kinder in den Schraubstock und feilen sie uns so zurecht, wie wir das wollen. Auch die Übersetzung des Titels ins Deutsche ist meiner Meinung nicht wirklich gelungen. Mich erinnert Familienkonferenz an: „Wir setzen uns am Sonntagnachmittag gemeinsam an den Tisch und Papa sagt uns wo es langgeht!“ Aber der Inhalt hat beide meiner Vorurteile widerlegt. Der englische Titel lautet „Parent effectiveness training“, was wesentlich treffender ist, nämlich effektive Kommunikation zwischen Eltern und Kindern.

Selbige ist – und das ist wichtig zu wissen – nicht an einem Seminartag zu lernen, sondern eher ein Lebensprojekt. Dahinter steht eine wertschätzende Haltung gegenüber Kindern, ohne die gar nichts geht. Anfangs ist es meist schon ein Erfolg, wenn man sich selbst bei ungünstigen Sätzen und Verhaltensweisen erwischt, nur langsam wird man es schaffen, diese durch günstigere, der Familienkonferenz entsprechende ersetzen zu können. Aber wie so oft gilt auch hier – der Weg ist das Ziel!

Der Problembesitz

Für mich ganz wesentlich an der Familienkonferenz, das Konzept des Problembesitzes. Wann auch immer ein Problem oder ein Konflikt in der Familie auftritt, wird zuerst genau die Situation angeschaut und analysiert, wer besitzt dieses Problem. Erst danach wird das benötigte Kommunikationswerkzeug verwendet. Klingt vielleicht kompliziert, ist aber logisch – wenn ich Fenster putzen will und dazu einen Hammer verwende, werde ich wohl nicht sehr erfolgreich sein!

Ein typisches Problem im Besitz der Eltern, wäre es, wenn der Nachwuchs fröhlich mit seinen neuerworbenen Filzstiften an der frischgeweißten Wand malt. Das Kind ist glücklich, die Eltern weniger – das Werkzeug der Wahl heißt ICH-Botschaft, mehr dazu ab Seite 30.

Fürchtet sich aber das Kind vor dem Krokodil unterm Kinderbett, so gehört das Problem eindeutig dem Kind und kann auch nur von ihm gelöst werden (Eltern sind leider keine Krokodilspezialisten!). Natürlich lassen Sie Ihr Kind nicht allein mit seinem Problem, Sie unterstützen Ihr Kind bei der Problemlösung mit Aktivem Zuhören, mehr ab Seite 24.

Schritt eins: Problemanalyse –Wer besitzt das Problem?	
Schritt zwei: Auswahl des passenden Kommunikationswerkzeug	
Fall A: Eltern besitzen das Problem ICH-Botschaft	**Fall B:** Kind besitzt das Problem Aktives Zuhören

Natürlich machen einem Problem und Konflikt nicht den Gefallen, immer schön einzeln und übersichtlich daherzukommen. Oft handelt es sich um eine Situation, in der sowohl das Kind als auch der Elternteil ein Problem besitzt. Hier ist der Erwachsene gefordert zwischen Ich-Botschaft und Aktivem Zuhören zu wechseln und je nach Bedarf einzusetzen.

Das Ziel lautet Konflikte zu lösen, ohne dass es Gewinner und Verlierer gibt.

Die niederlagelose Methode der Konfliktlösung

Was soll denn das schon wieder heißen? Gibt es nicht bei jedem Konflikt einen Gewinner und einen Verlierer? Dieses Denken ist vorherrschend, hat aber fürs Familienleben deutliche Nachteile.

Geben Eltern in familiären Konflikten ständig nach, geht das Kind oft als Sieger hervor. Wir haben schon zuvor gesehen, dass der antiautoritäre Erziehungsstil, bei dem Kindern alles erlaubt wird, das Kind auf Dauer auch nicht zufrieden macht. Und die Eltern schon gar nicht!

Setzen sich die Eltern immer durch, ist das Kind der Verlierer, fühlt sich zurückgesetzt und gedemütigt. Die Folge, es sinnt bestimmt auf baldige Rache für seine Niederlage und der nächste Konflikt ist somit vorprogrammiert.

Gordons niederlagelose Methode der Konfliktlösung heißt in der Wirtschaft „win/win-Lösung“. Dabei werden die Bedürfnisse aller Beteiligten berücksichtigt und die bestmögliche Lösung für alle durchgeführt. Er hat dazu folgende sechs Schritte definiert:

1. Konflikt identifizieren und definieren
2. Mögliche Alternativlösungen entwickeln
3. Alternativlösungen kritisch bewerten
4. Für die beste für alle annehmbare Lösung entscheiden
5. Lösung durchführen
6. Spätere Überprüfung

Schritt 1 kennen wir ja schon vom Konzept des Problembesitzes und aus meiner Erfahrung sind damit viele der alltäglichen Kleinkonflikte schon aus dem Weg geräumt. Alle sechs Schritte sind eher bei großen Projekten wie der Neuverteilung der Hausarbeit angesagt. Schauen wir uns ein Fallbeispiel an:

Fabian, 3 Jahre, möchte unbedingt sein kanariengelbes, kurzärmliges T-Shirt in den Kindergarten anziehen. Er hat es im Kasten gefunden und schon angezogen. Es ist November und seine Mama besteht auf einem langärmligen Shirt. Es ist 8.45 Uhr, man ist schon spät dran. Welche Möglichkeiten gibt es in dieser Situation?

A: Die Mama setzt sich durch, es wird ein blaues langärmliges Shirt angezogen. Fabian brüllt, das Anziehen dauert 10 Minuten, die Mama ist frustriert und kommt zu spät ins Büro.

B: Die Mama kapituliert, nachdem Fabian mehrere Minuten sich gegen das Anziehen des langärmligen Leiberls mittels Brüllen gewehrt hat – Fabian lernt, wie er die Mama weichkocht.

C: Kurze gedankliche Analyse der Situation – was ist Fabians Bedürfnis? Die Mama kommt zu dem Schluss, dass es wohl die tolle Farbe ist, die ihm gerade heute so gefällt. Was ist mein Bedürfnis als Mama? Es ist November, ich möchte nicht, dass sich das Kind verkühlt und den Rest der Woche nicht in den Kindergarten kann. Das gelbe Leiberl kann also anbehalten werden, es wird aber eine Weste darüber gezogen.

Die Erfahrung zeigt, dass hinter den elterlichen Bedürfnissen ganz oft Angst ums Kind und um seine Gesundheit steht. Es ist ungeheuer hilfreich, das genauso auszusprechen und dem Kind zu sagen: „Ich mach mir Sorgen um Dich, weil ich Dich lieb hab!“

Diese Art der Kommunikation hat viel mit einer inneren Haltung gegenüber dem Kind zu tun und wird auch nicht von heute auf morgen erlernt – sondern ist eher mit einem (lebens)langen Prozess vergleichbar!

Literaturempfehlungen:

Familienkonferenz, Band 1–3,
Thomas Gordon, Heyne Verlag

Ich will verstehen, was Du wirklich brauchst

Was macht gutes Zuhören aus? Woran merken Sie, dass man Ihnen zuhört? Und umgekehrt, woran merken Sie, dass Ihnen nicht zugehört wird? Diese Fragen stelle ich zu Beginn dieses Workshops an die Teilnehmerinnen, die Antworten sehen in der Regel wie folgt aus:

Zuhören	Nicht zuhören
• Augenkontakt • der Zuhörer fragt nach • der Zuhörer sagt (an den richtigen Stellen!) „Hm“, „Aha“, „Wirklich“ • ausreden lassen • Bei der Geschichte des Erzählers bleiben	• Auf den Fernseher, PC oder ähnliches schauen • Am Handy spielen • Auf die Uhr schauen • Thema wechseln • Eigene Geschichten erzählen • gähnen

Jetzt mal ehrlich, wenn Ihr Kind Ihnen etwas erzählt, sind Sie eher auf der linken oder auf der rechten Seite?

Wichtig: Wir haben zwei Ohren und nur einen Mund, warum reden wir dann doppelt so viel wie wir zuhören?

Allzu oft passiert es uns Eltern, gerade dann sehr beschäftigt zu sein, wenn das Kind mit uns reden will. Umgekehrt höre ich ganz oft, das Kind erzählt ja gar nichts, was es den ganzen Tag so in Kindergarten oder Schule erlebt und gemacht hat.Klassisch verlaufen solche Dialoge so:

Mama:	„Was hast du denn im Kindergarten gemacht?“
Kind:	„Gespielt.“ (wahlweise auch „Nix“)
Mama:	„Was hat es zum Mittagessen gegeben?“
Kind:	„Weiß nicht!“

Ich kenne kein Kind, das auf diese investigativen Fragen ausführlichere Antworten gibt. Ich kenne allerdings auch die Mama-Seite. Jetzt ist man grad auf dem Heimweg und es wäre Zeit zum Reden, daheim steht dann ohnehin schon wieder genug Arbeit an. Was aber tun außer zu fragen?

Probieren Sie mal im Plauderton von Ihrem eigenen Tag zu erzählen, Ihr Kind ist dann eher motiviert, auch selbst etwas zu erzählen. Wenn Sie nebenbei noch etwas gemeinsam tun – z. B. Bananen für den Obstsalat schneiden oder Knetteig bearbeiten – werden Sie staunen, was Sie so alles über den Kindergartenalltag erfahren!

Aktives Zuhören

Bis jetzt haben wir uns mit dem „passiven“ Zuhören beschäftigt, was unterscheidet nun das aktive Zuhören davon?

Beim aktiven Zuhören versichern wir uns durch Rückfragen davon, dass wir den Sprecher richtig verstanden haben. Wir versuchen das Gefühl hinter dem Gesagten zu erkennen und es zu benennen. Aktives Zuhören ist immer dann gefragt, wenn das Kind starke Gefühle zeigt (Angst, Wut, Traurigkeit)

Wir können uns vorstellen, dass in unserem Kind ein starkes Gefühl „wurlt“ und es versucht dieses Gefühl in Sprache zu fassen. Je nach Alter und sprachlicher Gewandtheit wird das unterschiedlich gut funktionieren. Je jünger das Kind, umso eher wird es sein Gefühl körperlich ausdrücken – was in der Praxis heißt, dass der Nachbar in der Sandkiste, der unserem Kind grad das rote Küberl geklaut hat, eins mit dem Schauferl über die Rübe gezogen bekommt ;-)

Natürlich werden wir diesen Angriff nicht gutheißen, sondern in zwei Teilen antworten. Erstens Schlagen ist nicht ok, zweitens „aber ich kann verstehen, dass Du auf den Kevin sauer bist, weil Du selber mit dem Küberl spielen willst". Beim zweiten Teil dieser Botschaft handelt es sich um klassisches Aktives Zuhören, wir zeigen Verständnis für das Gefühl und geben dem kleinen Kind auch ein Wort dafür. Dieses Benennen-Können ist extrem wichtig, wir können einfach besser umgehen, mit Gefühlen oder Situationen für die wir ein Wort haben.

Vom Umgang mit der Wut und großen Gefühlen

Mütter tun sich oft sehr schwer damit, wenn Kinder ihre Wut körperlich ausdrücken – es entstehen sofort Ängste. „Wo mag das bloß enden" und schon sehen sie die kriminelle Karriere ihres Kindes vorgezeichnet, oder sie machen sich Gedanken, was bloß die anderen Mütter am Spielplatz denken werden („Wie geht's bei denen daheim bloß zu!")

De facto haben die meisten Kinder im zweiten Lebensjahr eine Phase, in der sie beginnen zu schlagen, beißen, kratzen, Haare ziehen, Dinge zu werfen oder andere Kinder heftig zu schubsen. Das vergeht nicht, indem wir ihnen das Verhalten als solches verbieten, sondern indem wir es so umlenken, dass niemand zu Schaden kommt. Beißen kann man gut ins eigene T-Shirt, schlagen lässt sich gut auf den Tisch, zum Werfen eignen sich Bälle aus Zeitungspapier. Ein auf Vorrat herumliegender Stapel alter Zeitungen kann im Bedarfsfall klein gerissen werden, einfachste Variante des

Kraft-und-Energie-Loswerdens ist Aufstampfen, das geht immer und überall.

Und wie bringen wir das den Kindern bei? Ganz einfach, indem wir es vormachen, wir sind auch beim Erlernen vom Umgang mit der Wut ein wichtiges Vorbild. Überlegen Sie mal, was Sie machen, wenn Sie wütend sind? Runterschlucken ist definitiv keine gute Lösung, vielleicht gefällt Ihnen ja eine der ebengenannten Ideen.

Ähnliches gilt für Angst oder Traurigkeit – mit Verboten („Du brauchst jetzt gar nicht … sein!") oder gar logischen Erklärungen kommen wir nicht weiter, wenn Kinder sich vor dem Krokodil unter dem Bett fürchten oder um die verlorene Muschel weinen – am Strand mit Millionen weiteren Muscheln! Wenn es wirklich schwer fällt, Verständnis zu zeigen, ist Schweigen die bessere Lösung!

Literaturempfehlungen:

Ich will verstehen, was du wirklich brauchst,
Frank und Gundi Gaschler, Kösel

Mut zum NEIN – Grenzen setzen

Es sind nur vier Buchstaben. Nicht einmal ein Zungenbrecher oder schwierig auszusprechen. Trotzdem gibt es viele Menschen, denen das Wörtchen NEIN nur schwer über die Lippen kommt. Warum ist das bloß so?

Was macht ein NEIN mit uns? Wie leicht oder schwer fällt es Ihnen NEIN zu sagen? Wie geht es Ihnen, wenn Sie ein NEIN hören und akzeptieren müssen?

Nein-Sagen und Grenzen setzen gehört zweifellos zu den unangenehmen Seiten des Eltern-Daseins! Dazu gehört, die eigenen Grenzen zu erkennen und zu akzeptieren – und es erfordert Klarheit und Standfestigkeit.

Eine gute Übung ist es, einmal zu überlegen: Was ist mir/uns wichtig? Welche Werte wollen wir unserem Kind vermitteln?

Oft liest und hört man den Ratschlag, so wenig Grenzen und Regeln wie möglich zu setzen bzw. aufzustellen – das ist bestimmt theoretisch richtig!

Bedenkt man jedoch, wie viele Regeln und Grenzen schon bei einer einzigen Mahlzeit einzuhalten sind – beim Tisch sitzen, ruhig sitzen, mit Besteck essen, warten, bis alle fertig sind, Pommes nur ins Ketchup, nicht aber in Saft oder Nase stecken, … – merkt man schnell, wie schwierig dieser Rat umzusetzen ist.

Von Kindern kann man ungeheuer viel lernen. Zum Beispiel wie lange es dauert, bis man seine Geduld verliert.

Franklin P. Jones

Viele Mütter und Väter haben Angst, die Liebe ihres Kindes zu verlieren, wenn sie ihm Wünsche verwehren. Doch gerade bei materiellen Wünschen verkraften Kinder ein berechtigtes NEIN gut. Jenseits des Babyalters ist es eine wesentliche Lernerfahrung, dass nicht jedes Bedürfnis sofort und auf der Stelle erfüllt werden kann und dass auch auf die Bedürfnisse der Mitmenschen Rücksicht genommen wird.

Wichtig ist, dass Grenzen und Regeln eingebettet sind in ein liebevolles Miteinander und in verantwortliches Handeln, dass Eltern Werte nicht nur einfordern, sondern auch vorleben. Nicht ok ist es, eigene Ausraster oder willkürliche Machtdemonstrationen mit „Kinder brauchen eben Grenzen“ zu rechtfertigen!

Bestimmt und selbstbewusst NEIN sagen und dabei bleiben

Der Inhalt der Worte einer Botschaft macht nur 7 % aus, den Rest machen die Stimme und die Körpersprache aus. Kinder erkennen, ob das NEIN der Eltern ernst gemeint ist oder ob sie es „gefahrlos“ überhören können.

Wenn zum Beispiel das NEIN in eine Frage oder Bitte verwandelt wird: „Du kannst aber auch nie genug kriegen vom Fernschauen, oder?“ Nur wenige Kinder werden antworten: „Stimmt, ich schau schon zu lange, ich dreh ab!“ Sinnvoller wäre hier ein bestimmtes: “Ich finde, das war genug für heute – ich möchte, dass du nun aufhörst!“

Um ein wirksames NEIN als Grenze auszusprechen, braucht es eben nicht nur das Wort, sondern auch die passende Stimme und Körperhaltung. Und die Klarheit, dieses NEIN jetzt bewusst auszusprechen, weil ich es ernst meine, auch auf die Gefahr hin, die Unzufriedenheit meines Gegenübers zu ernten!

Hilfreich ist es, vor einem NEIN einmal durchzuatmen und sich folgende Fragen zu stellen:

- Ist das NEIN jetzt wirklich notwendig?
- Besteht die Gefahr, dass jemand verletzt wird?
- Besteht die Gefahr, dass etwas Wertvolles irreparabel beschädigt wird?
- Habe ich die Kraft und Zeit, das NEIN auch durchzusetzen?

Denn dass sich ein NEIN unter Einsatz eines Trotz- oder Wutanfalls in ein JA verwandeln lässt, lernen Kinder recht schnell.

Die berühmte Ich-Botschaft

Kein Kommunikationskurs ohne Ich-Botschaft! Gehört hat wahrscheinlich schon jeder davon, aber die Anwendung ist durchaus fehleranfällig und nicht jeder Satz der mit ICH beginnt ist eine Ich-Botschaft im Sinne der Kommunikationspsychologie. Als Negativ-Beispiel fungiert dafür gerne „Ich finde, Sie sind ein Idiot!“ ;-))

Eine formvollendete Ich-Botschaft nach Gordon wird angewendet, wenn das Problem im Besitz der Eltern ist (siehe Seite 24) und besteht aus drei Teilen:

1. Verhalten (des Kindes)
2. Dadurch ausgelöstes Gefühl (bei den Eltern)
3. Folgen des Verhaltens (für die Eltern/andere)

Beispiel: „Wenn du fünf Mandarinen auf einmal isst, habe ich Angst, dass du davon Bauchweh bekommst.“ (und ich dann mehrmals Windeln wegen Durchfalls wechseln muss!)

Worin liegen die Schwierigkeiten beim Formulieren?

Das Verhalten sollte wertfrei beschrieben werden – das heißt nur das benennen, was auch wirklich sichtbar ist, Worte wie „immer" und „nie" haben hier nichts verloren!

Statt „Überall liegt alles herum" ist eine genaue Beschreibung gefragt: „Auf dem Boden sind die Legosteine verteilt, dazwischen liegen die Autos und in der Schultasche habe ich gerade eine verschimmelte Birne von letzter Woche gefunden" Erlaubt ist alles, dass Sie auch mit einer Videokamera filmen könnten!

Beim ausgelösten Gefühl wird es insofern schwierig, weil wir nicht gewohnt sind darüber zu sprechen und nur wenig aktiven Gefühls-Wortschatz haben. Die Erfahrung zeigt mir allerdings, dass es sich bei der Eltern-Kind-Kommunikation meist um elterliche Angst handelt – nämlich die Angst, dass das Kind sich oder andere verletzt oder etwas irreparabel kaputt macht.

Schritt 3 ist der interessanteste! Warum? Ich gehe diese drei Schritte oft mit Eltern durch und plötzlich wird festgestellt „Na, eigentlich hat das Verhalten des Kindes eh keine Auswirkung auf mich oder jemand anderen!" „Warum wollen Sie hier dann eine Grenze setzen?" „ÄHM …" Ratlosigkeit macht sich breit und dann Erleichterung, dass diese Grenze in Zukunft gar nicht mehr notwendig ist.

Insgesamt sehe ich die Funktion der Ich-Botschaft deshalb ganz stark als Werkzeug für Eltern, um die innere Klarheit zu gewinnen, wann und wo Grenzen gesetzt werden müssen und wo sie mitunter nicht notwendig sind. Und wie wir schon gesehen haben, hilft die innere Klarheit authentisch zu kommunizieren!

Grenzen setzen durch Umweltgestaltung

Sind Kinder noch nicht zwei Jahre alt, ist es besser Grenzen nicht mit Worten, sondern mit Handlungen zu setzen. So muss vielleicht der gläserne Couchtisch für eine Zeitlang in den Keller wandern, um Kind und Tisch vor Scherben zu schützen. Oder vor die so verlockende Steckdose wird schnell ein massiver Sessel gestellt. Klettert das Kind immer wieder auf die Couch und ich mache mir Sorgen ums Herunterfallen und mögliche Verletzungen, schützt eine Matratze besser als ein NEIN.

Nicht vergessen, eine Grenze zu setzen ist nicht nur eine Frage von JA oder NEIN – darf mein Kind das oder nicht. Grenzen lassen sich auch räumlich oder zeitlich ziehen! Wenn das Kind grad Schimpfwörter superinteressant findet, geht es nicht nur darum, darf es die Wörter sagen oder nicht – machen Sie lieber eine Viertelstunde am Tag, in der nach Herzenslust alles gesagt werden darf, oder machen Sie das Klo zum „Schimpfworteort“.

Fundamentalopposition

Es gibt eine Phase im Leben der Kleinkinder, in der es für sie kein JA zu geben scheint – Fundamentalopposition ist angesagt! NEIN selbst auf die Frage: „Magst Du ein Eis?“ Diese Zeit ist für Eltern manchmal schwer auszuhalten und nagt mitunter am eigenen Selbstwert. Aber so kann man gut nachfühlen, wie Kinder sich manchmal fühlen, wenn sie zu viele NEINs hören müssen.

Denn manchmal neigen wir Eltern dazu, schon „sicherheitshalber“ Fragen der Kinder mit Nein zu beantworten – hier noch drei Varianten, um das eine oder andere NEIN zu vermeiden:

- **Ja, später!** – Wenn wir beispielsweise nicht prinzipiell gegen den angefragten Keks sind, aber halt nicht fünf Minuten vor dem Mittagessen!

- **Moment, bitte!** – Ein paar Atemzüge lang drüber nachdenken, wie wichtig ist das jetzt? Ist das Nein wirklich notwendig (und hab ich die Kraft, es auch durchzuziehen)?
- **Überzeuge mich!** – Die Alternative für etwas ältere Kinder, die schon mit der Sprache umgehen können – das geht übrigens bereits recht gut mit Vier- bis Fünfjährigen, einfach ausprobieren! Und – sich von guten Argumenten überzeugen zu lassen, hat nichts mit Nachgeben zu tun!

Literaturempfehlungen:

Kinder brauchen Grenzen – Eltern setzen Grenzen,
Jan Uwe Rogge, rororo

Kindern Grenzen setzen – wann und wie?,
Cornelia Nitsch/Cornelia von Schelling, Mosaik by Goldmann

Wenn Kinder nicht hören wollen

„Komm jetzt bitte anziehen, wir müssen los in den Kindergarten." Doch das Kind spielt seelenruhig weiter – kennen Sie das?

Woran kann das liegen, dass uns unsere Kinder uns so gut „überhören" können? Rudolf Dreikurs hat in seinem Buch „Kinder fordern uns heraus" dafür den Begriff muttertaub geprägt. Sein Conclusio zu diesem Thema lautet, dass Eltern dazu neigen, zu viele Worte über das Negative zu verlieren und zu wenige übers Positive.

Und ist es nicht oft wirklich so? Da ist der Knirps unendlich stolz darauf, dass er die Schuhe selber angezogen hat und die elterliche Rückmeldung ist genervtes Wieder-Ausziehen und die Erklärung, dass er die Füße verwechselt hat …

Wenn Kinder scheinbar dauerhaft auf Durchzug schalten und auf Bitten und Aufforderungen nicht reagieren, ist auch ein wenig Selbstreflexion gefragt. Wie oft bittet Sie Ihr Kind um etwas und Sie antworten mit „Ja, gleich!" Wir sollten von anderen nichts verlangen, was wir selber nicht schaffen.

Hilfreich ist auch ein nicht zu voller Terminkalender, auf Stress reagieren viele kleine Kinder quasi allergisch – planen Sie mit Kindern für Einkaufen oder andere Wege und Aufgaben etwa die doppelte Zeit ein, die Sie dafür alleine brauchen würden und lassen Sie bewusst mehrere Nachmittage ohne Programm.

Der Teufelskreis

Manfred Döpfner beschreibt in seinem Buch „Wackelpeter und Trotzkopf" einen Teufelskreis, in den Eltern leicht geraten, wenn sie sich mit Aufforderungen an ihre Kinder richten.

Es beginnt meist mit einer einfachen Aufforderung „Zieh Dir jetzt die Schuhe an".

Wenn wir Glück haben, passiert das auch tatsächlich und wir sind alle zufrieden und gehen einer anderen Tätigkeit nach. Oft aber passiert gar nichts – was tun die meisten Eltern dann? Ja, richtig, sie wiederholen ihre Aufforderung – je nach Geduld drei Mal oder auch 30 Mal. Je nach Kind werden die Schuhe dann angezogen oder auch nicht!

Jetzt kommt der Moment, in dem Eltern ihre Aufforderung entweder mit einer Drohung („ … sonst kannst Du nicht mitgehen") oder einer Belohnung („Du kriegst dafür auch ein Zuckerl") verknüpfen. Ist auch das noch immer unwirksam, bleiben ratlose Eltern zurück.

Rat- und Hilflosigkeit führt bei einigen zu Wut und Aggressivität, jetzt wird es laut und es kommt im Extremfall sogar zu Handgreiflichkeiten, andere wiederum werfen das Handtuch und geben nach.

Kommt Ihnen das bekannt vor? Mir schon, ich ertappe mich selbst immer wieder – die Lösung heißt so früh wie möglich aussteigen, denn an keinem Punkt im Teufelskreis gebe ich meinen Kind eine Lernerfahrung mit, die ich wirklich geben möchte!

Solange wir wiederholen, lernt das Kind, wie lange es dauert, bis wir unsere Geduld verlieren. Neigen wir zum Belohnen, wird kein intelligentes Kind etwas tun, solange sich vielleicht etwas Angenehmes oder Interessantes herausholen lässt.

Beim Drohen, Schreien oder gar Schlagen nimmt das Kind für sich mit, man muss offenbar der Stärkere sein, um sich durchsetzen – es wird das elterliche Vorbild kopieren, die Strategien selbst anwenden, mitunter auch auf Rache sinnen. Und wird letztendlich eh nachgegeben, muss ich als Kind nur lange genug die Ohren zumachen und zuwarten!

Aussteigen aus dem Teufelskreis

Früh aussteigen aus dem Teufelskreis heißt also, spätestens bei der dritten Wiederholung zu überprüfen, ob ich als Eltern nicht in eine der folgenden „Klassischen Fallen“ getappt bin und meine Aufforderung dann deutlicher formulieren. Oder bei immer wiederkehrenden problematischen Situationen ein Spiel oder ein Ritual daraus machen, das erspart es oft, überhaupt eine Aufforderung aussprechen zu müssen.

Klassische Fallen

Da gibt es tatsächlich einige, in die Mütter und Väter tappen können und das passiert ihnen auch tagtäglich:

1. **Die Aufforderung aus dem Nebenzimmer**
   Dem Ruf „Es gibt gleich Essen – wascht euch die Hände und kommt zu Tisch“ aus der Küche wird selten Folge geleistet. Kinder wissen schnell, dass sie das vorerst gefahrlos ignorieren können – wenn Mama nicht zu mir kommt, kann es ihr nicht so wichtig sein. Oder sie sind tatsächlich gerade so in ihr Spiel vertieft ....
   Besser ist die Aufmerksamkeit sicherstellen – zu den Kindern und dort am besten in die Knie gehen und direkten (Augen)Kontakt suchen!

2. **Das elterliche Vorbild**
   „Noch fünf Minuten spielen und dann gehen wir nach Hause!“ Und gerade dann kommt ein besonders interessantes Thema auf und die Mütter tratschen noch eine halbe Stunde, bevor sie aufbrechen.
   Selbst ein Kleinkind mit noch wenig Zeitgefühl, merkt hier bald den Unterschied!

Wenn sie die Fünf-Minuten-Variante anwenden, ist es hilfreich, die Zeitspanne sichtbar zu machen – mit einer Eieruhr, die zeitgerecht läutet oder auf der großen Uhr zeigen, wie die Zeiger dann stehen werden.

3. **Ihre innere Einstellung**
Wir haben schon festgestellt: Die gesprochenen Worte machen nur einen geringen Anteil an der Kommunikation aus – viel wichtiger sind Stimme und Körpersprache.
Wenn Sie bereits beim Reden den Gedanken „Das wird eh nix, das kann ich wieder mal selber machen" haben, wird Ihre Aufforderung kaum ankommen.
Lenken Sie in dem Fall einmal den Blick aufs Positive – bestimmt gibt es jeden Tag mehrere Situationen, in denen Ihr Kind sofort auf Ihre Aufforderungen reagiert. Die fallen uns meist gar nicht auf!

4. **Bitte oder Aufforderung – was ist denn hier der Unterschied?**
Diese Frage stelle ich gerne in meinen Workshops und ernte erst einmal Verständnislosigkeit. Ganz wesentlich: Auf eine Bitte kann ich mit NEIN antworten und das steht auch Ihrem Kind zu. Überlegen Sie sich einmal, wie oft Sie Ihr Kind um etwas bitten, aber eigentlich eine „Forderung mit Mascherl" stellen.
Seien Sie ehrlich – wenn das Kind keine Wahl hat, dann lassen Sie das „bitte" weg! Das ist jetzt natürlich keine Empfehlung, Ihr Kind ständig im Befehlston herumzukommandieren. „Es ist Zeit zum Anziehen" ist genauso höflich wie „Komm jetzt bitte anziehen", aber es macht deutlich, dass es kein Nein gibt!

5. **War Ihre Aufforderung deutlich genug?**
„Glaubst Du nicht auch, dass Du heute bereits genug Süßigkeiten gegessen hast?“ Ich beneide Sie um das Kind, das mit „Du hast recht, Mama“ antwortet, aber das wird wohl selten passieren.
Formulieren Sie besser klar und deutlich, was das Kind machen soll.
„Ich finde, das waren genug Süßigkeiten heute, ich möchte, dass Du jetzt aufhörst zu naschen!“
„Gib das Lego in die blaue Kiste und die Barbies in die rote“ wird besser funktionieren als ein bloßes „Räum dein Zimmer auf!“

6. **Die Eltern sind (unbewusst) doch ein bisschen stolz auf den „Querkopf“ des Kindes**
Da sitzt man dann mit seinen Freundinnen zusammen, erzählt die neuesten „Heldentaten“ seines Kindes und alle lachen herzlich. Das Kind hört zu – obwohl man denkt, es würde angeregt spielen – und lernt, eigentlich war sein Verhalten ja doch nicht so schlimm, wenn es nun zur Belustigung der Runde dient … kein Wunder, wenn es sein Verhalten bald darauf wiederholt. Es will wissen, woran es nun wirklich ist.

Hier noch einmal kurz zusammengefasst, wie Sie Ihre Aufforderungen klarer kommunizieren können:

- Aufforderungen nur dann, wenn sie auch eingehalten werden müssen
- Konkret sagen, was zu tun ist – Do statt Don‘t

- Die Aufmerksamkeit des Kindes sicherstellen
- Immer nur eine Aufforderung auf einmal!
- Auf die nonverbalen Signale achten – Körpersprache und Stimme
- Altersadäquat, klar und einfach formulieren

Wie meist klingt das in der Theorie einfacher als es in der Praxis zu leben ist! Wenn Sie also mal ganz frustriert sind, belohnen Sie sich selber – Mutter oder Vater zu sein ist oft schön, aber ganz oft auch anstrengend und Sie machen das sehr gut!

Kreativer Umgang mit Fehlverhalten

Schon seit Jahren bin ich auf der Suche nach einem „schöneren" Wort für Fehlverhalten, aber die Kreationen wie verhaltenskreativ finde ich auch nicht wirklich befriedigend – manchmal ist das Verhalten unserer Kinder schlicht und ergreifend fehl am Platz. Zuallererst muss aber genau definiert werden – was ist eigentlich Fehlverhalten? Welche Kriterien müssen erfüllt sein, damit wir von Fehlverhalten sprechen können?
Wenn das Verhalten des Kindes

- sozial unangemessen
- respektlos
- grenzüberschreitend
- die Rechte anderer missachtend
- kooperationsverweigernd
- gefährdend für sich selbst oder andere ist,

ist es dann schon Fehlverhalten? Ich sage nein, denn eine ganz wichtige Komponente fehlt noch, die auch betrachtet werden muss. Sind die Anforderungen, die in der jeweiligen Situation bewältigt werden müssen, für dieses spezielle Kind mit all seinen Stärken, Schwächen, Talenten und seinem Temperament leistbar oder nicht.

Von einem gut ausgeschlafenem Vierjährigen, der gerade gefrühstückt und ausführlich mit seiner Mutter über seine Träume geplaudert hat, werden wir erwarten können, dass er seine Mutter für zwei Minuten ein wichtiges Telefonat in Ruhe führen lässt. Mischt er sich – ohne dass ein Notfall vorliegt – sofort dazwischen und stört massiv, können wir getrost von Fehlverhalten sprechen.

Sollte derselbe Vierjährige aber nach bereits dreistündiger durchgehender Autofahrt am Rücksitz zu quengeln beginnen, weil ihm fad ist, würde ich den elterlichen Anspruch auf eine ruhige Weiterfahrt ohne Pause als Überforderung bezeichnen.

Strafe – längst out!

Viele von uns haben in der Kindheit selbst die Erziehungsmethode Strafe erlebt, sei es als Ecke stehen, fünf Extra-Sätze schreiben bis hin zur auch heute noch erschreckend weit verbreiteten „gesunden Watschen". Im emotionellen Stress, wenn das Kind gerade unliebsames Verhalten an den Tag legt, werden in den Eltern alte Erinnerungen und Muster freigelegt und mitunter wird so reagiert, wie man sicher war, es niemals tun zu wollen. In ruhigen Momenten wissen wir natürlich: Strafe ist nicht mehr zeitgemäß, Konsequenzen sind angesagt – doch wer kennt schon den Unterschied? So kommt es, dass vielfach Konsequenzen verhängt werden, die eigentlich bloß eine „Strafe mit Mascherl" sind.

Eine Strafe wird aus der Emotion heraus verteilt und hat mit dem Verhalten nichts zu tun. Beispiel: Weil das Kind am Esstisch beim Herumfuchteln ein Glas umgeworfen, darf es nicht fernsehen. Strafe mag zwar eine Verhaltensänderung bewirken, aber dann nicht aus Einsicht in die Sinnhaftigkeit des von den Eltern gewünschten Verhaltens, sondern um die Strafe zu vermeiden. Auf Dauer führt Strafe dazu, dass Dinge verheimlicht oder auch andere Menschen oder die Umstände beschuldigt werden. Wenn Strafe „wirken" würde, dürfte eigentlich keine AutofahrerIn nach dem Erhalt eines Strafzettels, jemals wieder falsch parken oder zu schnell fahren, oder? Solange der zu erwartende Nutzen höher ist als die zu erwartende Strafe, wird es zu keiner dauerhaften, sinnvollen Verhaltensänderung kommen.

Aber was ist jetzt mit den Konsequenzen?

Wir unterscheiden zwei Arten von Konsequenzen oder Folgen – natürliche und logische.

Wenn ich mir die Schuhe nicht zubinde, werde ich bald über die Schnürsenkel stolpern. Wenn ich bei Minusgraden mit kurzen

Ärmeln rausgehe, werde ich mich verkühlen. Um obiges Beispiel herzunehmen, wenn ich das Glas umstoße, läuft der Saft aus und ich muss den vergossenen Inhalt wieder aufwischen. Alles lupenreine natürliche Folgen des vorangegangenen Verhaltens. Ist eine natürliche Konsequenz absehbar, brauchen Eltern sich nur die Frage stellen: Kann ich es verantworten, dass diese natürliche Folge eintritt? Denn natürlich kann man ein Kind nicht die Erfahrung machen zu lassen, was passiert, wenn man ohne zu schauen die Straße überquert. Wenn es natürliche Konsequenzen zu erfahren gibt, werden wir das Kind darauf hinweisen und ihm die Wahl überlassen, ob es sein Verhalten beibehält oder ändert. Leider sind wir Menschen so konstruiert, dass wir Erfahrungen gerne selber machen statt auf die anderer Menschen zu hören … oder haben Sie als Teenager auf Ihre Eltern gehört?

Logische Konsequenzen stehen in direktem Zusammenhang mit dem Fehlverhalten des Kindes. Malt das Kind trotz mehrmaligem Hinweis lieber auf der Wand als auf dem Zeichenpapier, müssen die Stifte für heute weg – morgen werden wir es wieder probieren. Die Konsequenz – Stifte weg! – wurde vorher in ruhigem Ton angekündigt und dann durchgeführt. Das Kind hatte die Wahlmöglichkeit – was aber nicht heißt, dass es dann nicht mit seiner Entscheidung unglücklich ist und protestiert. Das Kind lernt, dass wir Eltern saubere Wände haben wollen und dafür auch bereit sind, Handlungen zu setzen.

Auf der Suche nach kreativen Alternativen

Natürlich haben wir bei letzterem Beispiel noch andere Varianten auf das „auf der Wand malen“ zu reagieren. Zum Beispiel eine räumliche Grenze zu ziehen und eine Malwand einzurichten – an einer freien Kinderzimmerwand eine dünne Spanplatte montieren, darauf Zeichenpapier aufzukleben, Plastik drunterlegen, fertig!

Ein Workshopteilnehmer hat mir einmal von eben jenem Problem erzählt. Die Familie lebte damals aus beruflichen Gründen in der Karibik und an einem Tag wurde noch mit dem Kind wegen des Malens geschimpft, am nächsten kam ein Wirbelsturm und der ganze Bungalow war zerstört …

Grade für Kinder im Trotzalter ist es meist hilfreich eine „Illusion von Alternativen“ zu schaffen. In diesem Alter geht es stark darum, selbst etwas entscheiden zu dürfen, und wenn die Eltern nun bestimmen, wir gehen jetzt ins Bad zum Zähne putzen, folgt ein Trotzanfall. Wir können uns aber überlegen, welche Alternativen wir fürs Kind in diesem Fall schaffen können und wollen.

- „Möchtest Du vor ODER nach dem Umziehen Zähne putzen?“
- „Möchtest Du mit der blauen ODER der roten Zahnbürste putzen?“
- „ Soll ich Dir das Zahnputzlied vorsingen ODER eine Geschichte während des Putzens erzählen?“

Diese Variante schafft Klarheit, dass es keine Diskussion über das Zähne putzen als solches gibt, aber dafür gibt es Entscheidungsmöglichkeiten, das Kind kann also aktiv mitbestimmen!

Sehr gerne verweise ich auf die folgenden beiden Buchtipps, in denen sich viele kreative Spielideen finden, mit deren Hilfe sich kritische Alltagssituationen umschiffen lassen.

Literaturempfehlungen:

Ein Löffelchen voll Zucker,
Sabine Bohlmann – vgs – EGMONT

Die Eltern Trickkiste,
Ute Glaser – GU

Kann denn Loben Sünde sein?

„Loben Sie Ihr Kind!“ Wie oft haben Sie diesen Ratschlag schon in diversen Artikeln gelesen, meist in wunderschönen Hochglanzmagazinen, in denen das Thema „Grenzen setzen – leicht gemacht“ in drei Seiten abgehandelt wird? Aber auch die Ratgeberliteratur empfiehlt Lob gerne als Allheilmittel. Wenn ich dann in einem Workshop darauf hinweise, dass wie überall die Dosis das Gift macht und Lob in manchen Situationen sogar völlig kontraproduktiv sein kann und die Kommunikation blockiert, schwankt die Reaktion zwischen Ungläubigkeit und Ablehnung.

Versuch einer Definition

Der Duden sagt, Lob ist eine „anerkennend geäußerte, positive Beurteilung, die jemand einem anderen, seinem Tun, Verhalten o. Ä. zuteilwerden lässt“. Das Bedenkliche liegt für mich im Wort Beurteilung. Der Lobende beurteilt also den zu Lobenden, in seiner Hand liegt die Macht zu entscheiden, was lobenswert ist oder nicht.

Lob wird gerne in Form einer Du-Botschaft gegeben, also „Du bist aber ein braves Kind!“ oder „Das hast du schön gezeichnet“ und bewertet oft das Kind als Ganzes, ohne näher auf ein bestimmtes Verhalten einzugehen. Gelobt wird meist nach Erbringung einer Leistung oder als Bewertung eines „Endproduktes“ (z. B.: Zeichnung oder Schulnote).

Risken und Nebenwirkungen – der Beipackzettel

Wie fühlen Sie sich, wenn Sie beim Autofahren vom Beifahrer hören „Na heute fährst Du ja mal richtig umsichtig!“? Freuen Sie sich über das Lob, das ausgesprochen wird oder ärgern Sie sich über die Kritik, die darin versteckt ist? Vorsicht auch bei versteckten Ansprüchen – „Du bist doch sonst so ein ordentliches Kind, räum doch bitte einmal wieder dein Zimmer auf.“

Wird zu oft gelobt, kann es auch „abhängig" machen, für das Kind heißt, nicht gelobt zu werden, etwas nicht gut gemacht zu haben. Oder es macht Dinge nicht mehr um ihrer selbst willen, sondern um danach ein Lob einzuheimsen – statt selbstvergessen ein Bild zu malen und mit Farben zu experimentieren, kritzelt es schnell etwas hin um dann ein „Schön" zu hören. Es wird dem Kind auf Dauer auch schwer fallen, seine eigene Leistung einzuschätzen, es braucht immer die Beurteilung durch andere – das sollte nicht das Ziel sein!

Gar als Kommunikationsblockade wirkt ein Lob (so sagt Thomas Gordon), wenn das Lob nicht der Selbsteinschätzung des Gelobten entspricht. Das Kind, das überhaupt nicht zufrieden ist mit seiner Zeichnung, wird sich über ein Lob nicht freuen, sondern sich eher unverstanden fühlen.

Bei Geschwisterkindern kann Lob die Rivalität verstärken. Loben Sie das eine Kind für seine Zeichnung, wird kurz darauf das zweite ebenfalls mit einer Zeichnung dastehen. Das kann doch nicht sein, dass die Mama den anderen lobt und mich nicht!

Die Alternativen – der Zauber der Ermutigung

Natürlich wäre es verkopft, Kinder überhaupt nicht zu loben – ein spontanes, aufrichtiges Lob wird mit Sicherheit keinen Schaden anrichten. Es ist dennoch sinnvoll, Alternativen zu kennen.

Die erste wäre die „anerkennende Ich-Botschaft". Im obigen Beispiel also „Besonders gut gefallen mir die vielen bunten Farben, die du verwendet hast!" Wir sprechen also von uns und benennen genau, worum es geht und welchen Vorteil wir davon vielleicht haben. „Während Du so konzentriert gemalt hast, konnte ich fein mit meiner Freundin telefonieren, wollen wir jetzt eine Runde Memory spielen?"

Die zweite Alternative heißt Rückfragen bzw. Aktives Zuhören „Was gefällt Dir denn besonders an Deinem Bild?" So verwickeln Sie es in ein Gespräch, erfahren seine eigene Einschätzung und seien Sie sicher, diese Aufmerksamkeit ist für Ihr Kind mehr wert als ein Lob!

Das Wesentliche an Ermutigung ist, dass sie auch für Versuche und kleine Fortschritte gegeben wird, nicht erst wenn das Kind als Gewinner feststeht. Fehler dürfen sein, sie sind keine Katastrophe, sondern lediglich die Rückmeldung, dass es so nicht geht – dann probieren wir es eben anders aus.

Besonders wertvoll: Zutrauen
Dem Kind etwas zutrauen, noch bevor es uns bewiesen hat, dass es das kann!

Belohnungen sind leider auch kein Allheilmittel

Ganz ähnlich sieht es aus mit Belohnungen, Lob ist ja nichts anderes als eine Belohnung mit Worten. Sehen wir uns an, was notwendig ist, damit Belohnung funktioniert.

Zuallererst eine nicht gleichberechtigte Beziehung, einer gibt den Ton an, was zu tun ist und was nicht. Zweitens ein starker Wunsch oder ein Bedürfnis und drittens müssen Mittel zur Belohnung für den Mächtigeren verfügbar sein, zu denen der andere keinen Zugriff hat. Ist für das Kind Naschen ein lohnenswertes Ziel und hat es noch keinen Zugriff zur Naschlade, wird es zu einigem bereit sein, um zu seinem Zuckerl zu kommen. Aber glauben Sie, dass der Dreizehnjährige seine Hausübung machen wird, weil Sie ihm ein Zuckerl versprechen? Eher nicht!

Und hier haben wir auch schon das Problem irgendwann gehen den Eltern die Mittel aus und dann hört man sie sagen „Das Kind war immer so brav und jetzt geht gar nix mehr!“ Natürlich denn je älter das Kind wird, umso gleichberechtigter wird es und das System gerät ins Wanken. Meine Empfehlung: wenn Ihnen danach ist, Ihr Kind zu belohnen, tun Sie es, aber benennen Sie es einfach nicht Belohnung!

Spüren Sie mal hinein in den Unterschied:

A: „Weil Du heute beim Weggehen vom Spielplatz kein Theater gemacht hast, bekommst Du zur Belohnung ein Eis!"

B: „Fein, heute sind wir pünktlich vom Spielplatz aufgebrochen, wollen wir noch ein Eis gemeinsam essen?"

Experteninterview: 1 + 1 = 3

Mag. Sebastian Bred hat sich als Mediator auf die Kommunikation zwischen Männern und Frauen spezialisiert. Sein Hauptberufsfeld sind Trennungen und Scheidungen sowie dazugehörige Obsorgeregelungen. Da Paare oft zu spät in die Mediation zu ihm kommen, hat Mag. Bred die erste interaktive Kommunikationsbegleitung für Paare – den Beziehungskoffer – entwickelt (www.beziehungskoffer.com). Damit können Paare ohne Hilfe von außen erleben, wie zuhören und entschlüsseln miteinander funktioniert. Mag. Sebastian Bred ist verheiratet und ging als Vater ein Jahr in Karenz. In seinem Blog „Der Beziehungs-Ratgeber“ (http://beziehungsblog.bred.at) stellt er neueste Studien zum Thema Beziehungspflege, Kommunikation und Auswirkung von Scheidungen vor.
Mehr Informationen unter www.bred.at

Was ändert sich an einer Partnerschaft, wenn Kinder kommen? Was ist für die meisten das schwierigste?

Kinder schlagen oft wie eine Bombe in die Beziehung ein. Die Zeit miteinander wird zugunsten des Kindes sehr knapp. Was früher leicht ging, müssen Paare jetzt organisieren. Hier gilt es von Anfang an Alternativen der Kinderbetreuung zu finden und zu nutzen.

In einer Partnerschaft verändert sich die Kommunikation, wenn Kinder kommen. Es wird schwieriger sich zuzuhören, da eine neue Kommunikationsquelle die zuvor offenen Kanäle besetzt. Hier gilt es Kommunikations-Werkzeuge wie aktives Zuhören und Entschlüsseln im Alltag bewusst anzuwenden.

Langfristig kann sich das Selbstbild bzw. das Fremdbild verändern. Wer sich und den Partner z.B. nur mehr als „Mamma“ und „Papa“ anspricht, nimmt das Gegenüber immer weniger als interessanten und anziehenden Partner außerhalb der Elternwelt wahr. Hier gilt es die Elternebene von der Partnerebene bewusst zu trennen.

Warum ist eine funktionierende Paarbeziehung für Kinder wichtig?

Kinder sind „copycats“, d.h. sie kopieren ihre Eltern. Kinder lernen Kommunikation und Paarbeziehung von ihren Eltern. Im Guten wie im Schlechten kopieren sie die (Un)Fähigkeiten ihrer Eltern. Kinder lernen wie und ob Eltern sich abstimmen, wertschätzen bzw. miteinander umgehen. Je nachdem wie viel sich Eltern berühren, küssen und umarmen ist das für die Kinder „normal“.

Das heißt nicht, dass Kinder keinen Streit oder Konflikte zwischen ihren Eltern erleben sollen. Vorausgesetzt sie dürfen auch miterleben wie ein Streit beendet wird. So lernen sie von ihren Vorbildern wie Konflikte durch Kommunikation und Wertschätzung gelöst werden. Es geht nicht darum, dass Eltern ihren Kindern eine perfekte Beziehung vorspielen, wenn die Beziehung nicht perfekt ist. Es sollte darum gehen die Kinder im Alltag erleben zu lassen, wie ihre Vorbilder mit den klassischen Herausforderungen (Stress, Zeitmangel) umgehen und gemeinsam (!) Lösungen erarbeiten, die die Bedürfnisse aller berücksichtigen.

Wie schafft man es, Paarbeziehung aufrecht zu erhalten, wenn wegen der Kinder kaum Zeit und Raum bleibt?

Das ist eine Frage, die sich viele Paare stellen. Zeit und Raum ist schon ohne Kinder knapp geworden in einer Gesellschaft in der wir von „externen Kommunikations-Killern“ (Fernsehen, Smarthpone und Internet) zunehmend vereinnahmt werden. Im Alltag beginnt die exklusive Paarzeit, wenn die Kinder schlafen. Hier gilt es dann die oben genannten Störquellen auszuschalten, und einander bewusst zuzuhören. Denn Kommunikation nutzt sich mit der Zeit ab. Dies ist bei Eltern noch mehr der Fall, da die Zuhörkanäle bereits ziemlich voll sind. Es gilt daher der Paarbeziehung einen Freiraum zu schaffen. Dies geht z.B. in dem ein gemeinsamer Abend alle 1-2 Wochen abwechselnd von einem der Partner gestaltet wird. Nachdem die Kinder schlafen. Oder noch besser, wenn die Oma oder der Babysitter dafür sorgen, dass es Beziehungszeit miteinander gibt. Also TV und Smartphones komplett ausschalten und los geht's.

Was tun, wenn ich merke, die Beziehung zu meinem Partner läuft nicht mehr so, wie ich es mir wünsche?

Paare sollten alle 3-6 Monate ein „Statusgespräch" miteinander führen. Dabei geht es darum herauszufinden was passt und was anders geregelt und gelebt werden sollte. Denn Bedürfnisse ändern sich bei uns und bei unseren Partnern. Oft ist es sehr schwierig sich gegenseitig zuzuhören, da sich viele Themen ansammeln.

Im Alltag können Paare den Eigenanteil der positiven Kommunikation bewusst verändern. Paare sind oft erstaunt, wenn ich ihnen klarmache, dass eine funktionierende Paarbeziehung 5 mal so viel positive Kommunikation braucht wie negative Kommunikation. Genau an diesem Punkt kann ich im Alltag selbst etwas ändern. Mehr Wertschätzung, Zustimmung und Aufmerksamkeit sind Schlüssel für den Erfolg einer Beziehung.

Ich empfehle Paaren, die zu mir zur Kommunikationsbegleitung kommen zuerst gegenseitiges aktives Zuhören und Entschlüsseln miteinander zu erleben. Viele haben dies bereits mit dem Beziehungskoffer geübt und wünschen sich nun eine Vertiefung bzw. eine Erweiterung ihrer Kommunikationskompetenzen.

Welche Möglichkeiten der Beziehungspflege gibt es?

Aus meiner Erfahrung mit Paaren, die an ihrer Beziehungspflege arbeiten, kann ich drei Bereiche nennen, die sich als wesentliche Elemente der Beziehungspflege herauskristallisiert haben.

Rituale: Finden Sie Rituale, die zu ihnen beiden passen. Beziehungspflege beginnt am Morgen, wenn Sie sich in die Augen sehen und berühren (Kuss, Streicheln) mit der Frage wie er/sie geschlafen hat und geht weiter mit dem Ritual bei der Verabschiedung in den Arbeitsalltag (umarmen, küssen).

Kommunikation: Erhöhen Sie den Anteil der positiven Kommunikation miteinander. Wertschätzende Kommunikation ohne Untergriffe, Beleidigungen oder abschätzende Gesten ist ein Teil der Beziehungspflege der schnell verloren gehen kann.

Kommunikationsbegleitung: Ein Beziehungs-Check in regelmäßigen Abständen ist Teil einer langfristigen Beziehungspflege. Damit frischen Sie Ihre Kommunikation auf, spitzen sich gegenseitig die Ohren und schaffen es den Blick auf das Wesentliche in ihrer Beziehung zu lenken. Sie können den Beziehungs-Check selbst machen, indem Sie eine Paarkommunikations-Analyse (Teil des Beziehungskoffers) durchführen oder andere Kommunikations-Werkzeuge ausprobieren. Bei Kommunikationsblockaden empfehle ich eine Kommunikations-Begleitung durch dritte Personen, die Ihnen helfen die Kommunikation miteinander wieder in Gang zu bringen.

Ohne Proviant geht gar nix

Essen für zwei?

Während einer Schwangerschaft muss der weibliche Körper Höchstleistungen erbringen, dass in dieser Zeit die Versorgung mit Vitaminen, Mineralstoffen und Spurenelementen besonders gut sein muss, ist logisch. Dass der alte Spruch „Du musst jetzt für zwei essen" nicht die Menge, sondern die Qualität der Nahrung meint, ist mittlerweile auch bekannt. Ebenso dass die Basis der Ernährung Obst und Gemüse – möglichst bio, möglichst regional und saisonal und bunt wie ein Regenbogen – sowie Vollkorngetreide und magere Eiweißprodukte darstellen sollen.

Ich empfehle, Bio-Ware zu bevorzugen – weniger weil sie mehr und gesündere Inhaltsstoffe hätte, sondern weil sie weniger mit Dünge- und Spritzmitteln belastet ist. Das dankt uns die Leber! Wenn Sie in Ihrer Nähe einen Bio-Bauern haben und dort ab Hof Obst und Gemüse beziehen können, ist das optimal – je kürzer der Weg zwischen Ernte und Verzehr, umso höher der Vitalstoffgehalt.

Der tatsächliche Anstieg des Kalorienbedarfs wird meist überschätzt – je nach Ausgangsgewicht und körperlicher Belastung während der Schwangerschaft (sitzende Tätigkeit, Sport) werden etwa 200-300 Kalorien mehr pro Tag benötigt, das entspricht einer kleinen Zwischenmahlzeit. Zu den Tabus zählen rohe Milch-, Ei-, Fleisch- oder Fischprodukte – Hände weg also auch von Tiramisu, Salami und Sushi – und natürlich Alkohol und Nikotin!

Aber welche Nährstoffe sind ganz besonders wichtig, damit es Mutter und Kind gut geht und das Kind sich gut entwickeln kann? Wie kann die werdende Mutter eben diese Nährstoffe im Alltag gut zu sich nehmen? Womit sollte man eher aufpassen? Das sind die Fragen, mit denen ich mich in der Folge beschäftigen möchte.

Folsäure – die Diva unter den Vitaminen

Folsäure ist wichtig für den Aufbau des zentralen Nervensystems, also die gesunde Entwicklung von Gehirn und Rückenmark des Kindes und zwar schon zu einer Zeit, in der die wenigsten Frauen ihre Schwangerschaft bereits bemerkt haben. Deshalb ist eine gute Versorgung mit Folsäure schon anzuraten, wenn Sie planen, schwanger zu werden. Ein Mangel an Folsäure erhöht die Gefahr von Entwicklungsstörungen wie Neuralrohrdefekten (Spina bifida, offener Rücken), auch eine erhöhte Rate an Frühgeburten oder angeborenen Herzfehlern wird damit in Zusammenhang gebracht.

Wichtige Lieferanten von Folsäure sind Soja, Hülsenfrüchte (Bohnen, Linsen, Erbsen), Hefe sowie vor allem grüne Blattgemüse wie Kohl oder Spinat. Folsäure finden Sie auch in Vollkorngetreide – aufpassen, nicht jedes dunkle Brot, das das Wort „Korn" im Namen trägt ist ein Vollkornbrot. Fragen Sie extra nach oder lesen Sie die Zutatenliste!

Vollkornmehl statt Weißmehl zu verwenden ist ein oft gehörter Vorschlag. Ersetzen Sie nach und nach Weißmehl auch beim Kochen und Backen zu Hause durch Vollkornmehl. Das wird nicht von heute auf morgen funktionieren, Sie werden Protest ernten, weniger des Geschmackes wegen, sondern aufgrund der Optik! Aber beginnen Sie beim Backen erst einmal 20 % Vollkornmehl zum normalen Mehl zu mischen und nach einiger Zeit erhöhen Sie den Anteil. Auch das Angebot an Vollkornnudeln ist mittlerweile schon groß, in gut sortierten Supermärkten erhalten Sie unterschiedlichste Varianten!

Folsäure wird jedoch nicht umsonst als die Diva unter den Vitaminen bezeichnet, kaum ein anderes ist derart flüchtig. Lange Lagerzeiten oder Erhitzen bringen einen Großteil der wertvollen Folsäure zum Schwinden. Folsäure ist auch noch lichtempfindlich und wasserlöslich, das heißt, sie geht auch schon beim Waschen vom Blattsalat verloren!

Da unser Körper Folsäure auch nicht speichern kann, wir also keine Vorräte anlegen können, sondern auf die tägliche Zufuhr durch die Nahrung angewiesen sind, ist es gerade bei der Folsäure durchaus sinnvoll, mit Ihrem Arzt/ihrer Ärztin eine ausreichende Versorgung zu besprechen und gegebenenfalls mit einer hochwertigen Nahrungsergänzung zu optimieren.

Eisen und Magnesium

Eisen ist deshalb so wichtig, weil während der Schwangerschaft das Blutvolumen um gut einen Liter zunimmt. Es wird zur Bildung der roten Blutkörperchen gebraucht, die eine optimale Sauerstoffversorgung sicherstellen. Im Normalfall essen wir zwar durchaus eisenreiche Lebensmittel (Rind- oder Schweinefleisch), doch können wir das Eisen nicht immer gut verwerten. Hilfreich ist es bereits ein Glas Fruchtsaft zum Essen zu trinken, Vitamin C hilft dem Körper bei der Eisenaufnahme (deshalb die Zitrone zum Schnitzel!). Gute Quellen für Eisen sind auch Gewürze wie Petersilie und Thymian, sowie Kürbiskerne oder Leinsamen. Manche Gynäkologen empfehlen ein Eisenpräparat, dazu dann bitte viel trinken – sonst ist oft Verstopfung die Folge!

Magnesium gilt als „das" Gelassenheitsmineral – deshalb auch nach der Geburt auf ausreichende Versorgung achten, zum Beispiel, wenn das Baby dann ins Trotzalter kommt ;-) Während der Schwangerschaft ist Magnesium dann wichtig, wenn Sie zu nächtlichen Muskelkrämpfen neigen. Magnesium entspannt auch die Muskulatur der Gebärmutter und verbessert damit die Durchblutung und Versorgung des Kindes. Wenn Sie sich auch hier für eine hochwertige Nahrungsergänzung entscheiden, birgt das den Vorteil, dass Magnesium leicht abführend wirkt. Aber bitte nicht gleichzeitig mit dem Eisenpräparat nehmen, da Magnesium die Aufnahme von Eisen hemmt, lieber mit zwei bis drei Stunden Zeitabstand nehmen.

Noch ein Hebammentipp zum Thema Muskelkrämpfe: Vor dem Schlafengehen eine Banane mit warmer Milch, wenn's schmeckt gerne mit etwas Honig! Die Banane liefert Magnesium, die Milch die Aminosäure Tryptophan, aus dem unser Körper selbst das entspannend wirkende Serotonin herstellen kann – probieren Sie es aus!

Omega-3-Fettsäuren

Der regelmäßige Konsum von Omega-3-Fettsäuren während der Schwangerschaft hat viele positive Auswirkung auf die Entwicklung des Ungeborenen. So soll die geistige Entwicklung beeinflusst werden, laut Studien bringen Mütter, die zusätzlich Omega-3-Fettsäuren zu sich nehmen, im Durchschnitt intelligentere Kinder zur Welt. Weitere Studien belegen, dass eben diese Mütter auch weniger unter der sogenannten Wochenbettdepression leiden.

Mindestens zwei Mahlzeiten mit fettem Seefisch wie Lachs oder Thunfisch werden empfohlen. Eine gute Quelle stellt auch Leinöl dar – wer Fisch nicht so gerne mag, kann einfach seinen Salat mit Leinöl marinieren oder einen Teelöffel unters Frühstücksmüsli rühren. Kaufen Sie Leinöl möglichst frisch (wenn möglich vom Biobauern), denn es ist nur rund acht Wochen haltbar!

Auch Walnüsse sind wahre Kraftpakete und stecken voller wertvoller Fettsäuren – ob sie wohl deshalb aussehen wie kleine Gehirne?

Medikamente

Ohne Rücksprache mit Ihrem Arzt sollten Sie während der Schwangerschaft keine Medikamente einnehmen. Hier noch zwei Tipps, sollten doch die Schnupfenviren zuschlagen:

Als Hausmittel für beginnende Erkältungskrankheiten empfiehlt sich ein Ingwertee. Einige Scheiben frischen Ingwer mit

Wasser rund 10 Minuten kochen, auf Trinktemperatur abkühlen lassen und mit einem Schuss Zitronensaft und etwas Honig verfeinern. Dieser Tee hat mir schon einige Male sehr gut geholfen, er schmeckt aber auch wirklich gut, deshalb trinken wir ihn in der Grippezeit gerne auch vorbeugend.

Was unsere Omas schon wussten (aber wir meist weitgehend vergessen haben) Hühnersuppe stärkt das Immunsystem – wenig Aufwand, viel Wirkung! Hendlteile mit großen Zwiebelstücken scharf anbraten, mit Wasser aufgießen und mindestens eine Stunde vor sich hin köcheln lassen. Die letzten 20 Minuten kleingeschnittenes Gemüse mitkochen (Karotten, Erdäpfeln, Mais, Erbsen, Sellerie, …), so bleibt es schön knackig, währenddessen das Hendlfleisch vom Knochen lösen, kleinschneiden und wieder zur Suppe geben.

Tipp: Die Suppe bei potentiellen Besuchern nach der Geburt als Mitbringsel in Auftrag geben, ist bestimmt hilfreicher als fünf verschiedene Spieluhren!

Literaturempfehlungen:

Essen und Trinken – Kinderwunsch, Schwangerschaft, Stillzeit,
Ingeborg Hanreich, Verlag I. Hanreich

Die ersten Monate

Stillen gilt als die natürlichste Sache der Welt – nichtsdestotrotz ist manchmal der Anfang schwer und es bedeutet einige Arbeit und Übung für Mutter und Baby, bis sich die Stillbeziehung eingespielt hat.

Ich hatte das Glück, während der Schwangerschaft mit meinem ersten Kind von einer Freundin „Das Stillbuch“ von Hannah Lothrop geborgt zu bekommen. Offen gesagt, war ich zuerst etwas erstaunt – so viele Seiten und das nur übers Stillen! Ein großer Teil des Buches widmet sich möglichen Stillproblemen, diesen Teil las ich, wie man auch den Beipackzettel eines Medikamentes liest, nämlich mit der Überzeugung: „Das wird mich schon nicht betreffen!“ Naja, tatsächlich hat mich ein Gutteil der geschilderten Schwierigkeiten getroffen und ich hab immer wieder dankbar zu dem Buch gegriffen und nachgelesen. Ganz sicher hat dieses Buch meine eigene Stillzeit positiv beeinflusst und mir die Grundsicherheit gegeben, dass es für Stillprobleme Lösungen gibt und dass es schaffbar ist, trotz mancher Schwierigkeiten zu einer guten Stillbeziehung zu kommen!

Vorteile für Mutter und Baby

Stillen hat für Mutter und Kind einfach unglaublich viele Vorteile, der größte ist sicher die ständige Verfügbarkeit „hygienisch verpackter“ Nahrung in der richtigen Menge und Temperatur. Das heißt, es ist auch mit viel weniger Aufwand verbunden, wenn man nun einen Spaziergang oder einen Besuch bei einer Freundin unternehmen möchte, weil man sich das Abkochen des Wassers, das Abfüllen der Milchnahrung etc. erspart – ganz nebenbei spart das Stillen natürlich auch eine Menge Geld.

Muttermilch ist auch immer genau an die Bedürfnisse des Babys angepasst. Sie ändert ihre Zusammensetzung sogar im Laufe einer Mahlzeit. Erst ist sie eher wässriger und löscht Babys Durst, dann wird sie cremiger (höherer Fettgehalt!) und stillt den Hunger. Sie enthält alle Nährstoffe, die das Baby für sein rasches Wachstum braucht, sowie wichtige Abwehrstoffe, denn das Immunsystem des Babies bildet sich erst im Lauf des ersten Lebensjahres aus. So schützt die Muttermilch vor Krankheiten, auch bei der Verhütung von Allergien wird der Muttermilch große Bedeutung beigemessen.

Die Vorteile des Stillens für das Baby sind weitgehend bekannt, weniger aber die Auswirkungen auf die Gesundheit der Mutter! Eine mehrmonatige Stillzeit kann das Risiko an Brust- oder Eierstockkrebs zu erkranken drastisch verringern. Bei jeder Stillmahlzeit wird überdies das Hormon Oxytocin ausgeschüttet, das die Rückbildung der Gebärmutter begünstigt, die Mutter-Kind-Bindung fördert und auch für Glücksgefühle „zuständig" ist.

Welche Schwierigkeiten können beim Stillen auftreten?

„Ich habe zu wenig Milch" oder „Mein Baby wird nicht satt".
Das ist wohl das meist genannte Problem von Müttern. Tatsächlich kommt es dazu, wenn das Baby eine Wachstumsphase durchmacht und gerade etwas mehr Milch benötigt. Wachstumsschübe kommen meist so zwischen dem sechsten und zehnten Lebenstag sowie rund um die fünfte bzw. 12. Lebenswoche. Die Milchmenge, die die Mutter produziert, ist ein Wechselspiel von Angebot und Nachfrage – die Erfahrung zeigt, dass sich durch häufiges Anlegen (jede Stunde!) innerhalb von 24 Stunden die Milchmenge erhöhen lässt und das Baby wieder satt wird! Hier ist viel Grundvertrauen nötig und nicht selten kommt es vor, dass stillende Mütter von wohlmeinenden Ratschlägen verunsichert werden. Dazu kommt, dass wir

in einer Gesellschaft leben, in der alles gerne gemessen, bewertet und in Tabellen und Statistiken geordnet wird – wie viel Muttermilch ein Baby trinkt lässt sich eben nicht messen (und wenn Ihnen jemand rät, das Baby vor und nach der Mahlzeit zu wiegen – vergessen Sie das bitte gleich wieder!)

„Ich habe zu viel Milch"

Abpumpen ist dafür keine Lösung, denn dann nimmt der Körper an, dass mehr Milch gebraucht wird. Eventuell etwas Milch unter der warmen Dusche ausstreichen, gerade nur so viel, dass die Spannung nachlässt. Mitunter kommt es zu Milchstau und in manchen Fällen sogar zu schmerzhaften Brustentzündungen. Topfen ist ein exzellentes Hausmittel, in schweren Fällen ist es besser zum Arzt zu gehen! Abstillen sollte aber nicht nötig sein.

„Meine Brustwarzen sind wund"

Die Ursache für dieses schmerzhafte Stillproblem ist meist eine falsche Anlegetechnik. Das richtige Anlegen ist nicht so einfach, lassen Sie es sich gegebenenfalls mehrfach von Hebamme oder Säuglingsschwester zeigen. Sind die Schmerzen schon da, dann lieber öfter anlegen, damit das Baby am Anfang nicht so gierig trinkt, und in möglichst verschiedenen Positionen stillen. Hilfreich sind auch Stilleinlagen aus reiner Wolle oder Seide!

Scheuen Sie sich nicht, bei Problemen eine Hebamme oder Stillberaterin zu Hilfe zu ziehen – manche Dinge können recht einfach gelöst werden, bei manchen ist umfangreichere Begleitung nötig. Und falls es Ihnen aus welchen Gründen auch immer nicht möglich ist zu stillen oder Sie es einfach nicht wollen, dann ist das für Sie auch ok – es gibt ausgezeichnete Ersatznahrung und Sie können die Mutter-Kind-Bindung auch mit Fläschchenernährung aufbauen!

Ernährung in der Stillzeit

Essen für zwei ist auch nach der Schwangerschaft noch gefragt, aber nach wie vor gilt Qualität vor Quantität – also leider kein Freibrief für Schweinsbraten und Schokolade.

Um sich und Ihr Baby zu versorgen, brauchen Sie viel Energie und Nährstoffe, sogar mehr als während der Schwangerschaft. Während der Stillzeit ist der Kalorienbedarf um 400-600 Kalorien erhöht, das ist individuell aber sehr unterschiedlich. Hören Sie auf Ihren Körper und lassen Sie sich von Ihrem Hungergefühl leiten!

Die zusätzlich erforderlichen Kalorien kommen am besten aus viel Obst und Gemüse, das wichtige Nährstoffe liefert und auch Ballaststoffe, die die Verdauung auf Trab halten. Die Zusammensetzung der Muttermilch hängt davon ab, was Sie zu sich nehmen, deshalb ist Vielfalt gefragt – Ihr Baby lernt so auch viele Geschmäcker kennen und ist später dann vielleicht mutiger beim Ausprobieren neuer Gerichte!

Weiters wichtig sind gesunde Kohlehydrate aus Vollkorngetreide oder Erdäpfeln, sie geben die benötigte Energie, die das Stillen nun mal braucht.

Einige der benötigten Kalorien kommen aus den Fettdepots, die Ihr Körper während der Schwangerschaft gebildet hat. Dadurch verschwinden so manche der zusätzlichen Kilos ganz automatisch. Richtige Diäten sind während der Stillzeit nicht empfehlenswert, weil dann oft Schadstoffe aus dem Fettgewebe frei werden und in die Muttermilch gelangen können. Auch sind Diäten oft sehr einseitig und Ihr Baby braucht möglichst vielfältige Nährstoffe.

Wenn Sie trotzdem abnehmen wollen, können Sie ein paar „Erste-Hilfe-Tipps“ jedoch berücksichtigen. So achten Sie als erstes auf Ihre Getränke! Säfte und Limonaden haben oft erstaunlich viele (meist leere) Kalorien – mit Wasser und Kräutertees sind Sie besser dran. Lieber kein Obst oder Süßes als Zwischenmahlzeit –

das lockt Insulin ins Blut und solange das zirkuliert, gibt es keine Fettverbrennung. Deshalb lieber zwischendurch zu Karotte, Gurke oder auch Käse mit ein paar Nüssen greifen!

Was sollte man meiden?

Grundsätzlich darf alles gegessen werden, generelle Verbote gibt es laut Experten nicht. Dennoch sollten einige Lebensmittel mit Vorsicht genossen werden. Beef Tartar oder Sushi, also rohes Fleisch oder rohen Fisch, sollten Sie nur essen, wenn Sie von der Frische der Ware sowie von der Sauberkeit bei der Zubereitung absolut überzeugt sind! (Das gilt aber eigentlich für alle Menschen, nicht nur für stillende Mütter!) Ebenso Speisen, die mit rohen Eiern zubereitet werden, wie zum Beispiel Tiramisu, darin können sich Bakterien unglaublich schnell vermehren und ein Magen-Darm-Problem kann die Stillzeit enorm erschweren.

Oft hört man, dass Babies mit Blähungen reagieren, wenn die Mutter Kohl, Hülsenfrüchte oder scharfe Gewürze wie zum Beispiel Chili gegessen hat. Oder es wird erzählt, dass Babies die Muttermilch nach Knoblauch- oder Zwiebelkonsum der Mama sogar ablehnen, der Geschmack der Muttermilch ändert sich ja mit der Ernährung der Mutter. Zitrusfrüchte oder Tomaten können beim Baby einen wunden Po verursachen, übermäßiger Kaffeegenuss kann wiederum Unruhe beim Baby auslösen. Aber genauso oft wird all das von Mutter und Kind gut vertragen – hier gilt also probieren geht über studieren!

Und die Getränke?

Ausreichend trinken ist wichtig, denn Ihr Körper braucht die Flüssigkeit ja auch für die Milchproduktion. Wir sprechen hier natürlich wieder von Wasser oder ungesüßtem Tee – Kaffee zählt nicht! Und dass Alkohol und Stillen nicht zusammenpasst, versteht sich von selbst. In der Apotheke erhalten Sie auch spezielle Stilltees, die die Milchbildung fördern. Viele Mütter schwören auf Fencheltee, wenn das Baby unter Blähungen leidet – wissenschaftlich bewiesen ist das nicht, aber einen Versuch wert!

Gerstenwasser wird in der TCM bei Erschöpfung und innerer Anspannung empfohlen, weil die Gerste das Qi tonisiert und die Milchbildung fördert. Hier ein Rezept von TCM-Expertin Marija Rothaler.

GERSTENWASSER

Zutaten: Gerste, getrocknete Feigen, Zimt, Kardamomkapseln, Ingwer, Salz, Zitrone, Kakao

Zubereitung:

E(rde)	ca. 100g Gerste in einem Topf leicht anrösten, 5 getrocknete Feigen und eine Prise Zimt dazu
M(etall)	1-2 Kardamomkapseln und 1-2 dünne Scheiben frischen Ingwer,
W(asser)	mit ca. 2l Wasser aufgießen, eine Prise Salz
H(olz)	geriebene Schale von einer unbehandelten Zitrone
F(euer)	und zum Schluss mit einer Prise Kakao abschmecken.

Das ganze ca. zwei Stunden bei mittlerer Hitze köcheln lassen. Die Gerste abseihen, das Gerstenwasser 3 Mal täglich je eine Tasse warm trinken (eventuell mit Gersten- oder Reismalz süßen).

Im Kühlschrank aufbewahrt hält das Gerstenwasser für ca. 3-4 Tage. Die gekochte Gerste kann für weitere Gerichte verwendet werden.

Literaturempfehlungen:

Das Stillbuch,
Hannah Lohtrop – Kösel Verlag

Gut für mich, gut für Dich,
Ariane Hitthaller, Petra Ruso & Bettina Meidlinger, Wilhelm Maudrich Verlag

Von der Milchmahlzeit zur Familienkost

Rund ums sechste Lebensmonat zeigen die meisten Babies Interesse an dem, was Mama und Papa essen. Oft kommen jetzt auch die ersten Zähne – die Zeit für den Beikostbeginn und damit auch der Anfang vom Ende der Stillzeit ist gekommen!

Bitte beachten Sie, dass der Beikostbeginn nicht automatisch das Ende der Stillzeit bedeutet!

Sukzessive wird nun eine Mahlzeit nach der anderen durch Breikost ersetzt, die Milchmenge bildet sich langsam zurück. Dieser Weg ist einfacher als ein rapides Abstillen von heute auf morgen.

Wann die Stillzeit dann endgültig vorbei ist, ist sehr unterschiedlich. Ideal und unproblematisch läuft es dann, wenn Mutter und Kind in innerem Einvernehmen das Bedürfnis haben aufzuhören. Manche Kinder stillen sich von einem Tag auf den anderen von selbst ab, manchmal ist die Notwendigkeit zum Abstillen seitens der Mutter. Auf jeden Fall sollte man sich Zeit für diesen Prozess geben, ist es doch eine entscheidende Änderung des Alltags mit Ihrem Baby!

Scheuen Sie sich nicht, bei auftretenden Problemen oder Fragen Hilfe zu holen – manchmal reicht ein Anruf bei einer Hebamme oder Stillberaterin und Mamas und Babies Welt ist wieder im Lot!

Wann und wie beginnen mit der Beikost fürs Baby?

Die WHO empfiehlt die ersten sechs Monate voll zu stillen und dann vollwertige Beikost einzuführen, während weiter gestillt werden kann, solange Mutter und Kind wollen.

Babys halten sich nicht immer an solche Empfehlungen. Wenn Sie also merken, dass Ihr Baby mit fünf Monaten schon deutliches Interesse an den Speisen vom Familientisch zeigt, können Sie durchaus den ersten Brei probieren. Bei meinen Kindern habe ich es als sehr hilfreich erlebt, ihnen ein paar Tage vor dem ersten Zufüttern beim Tisch schon einen Löffel in die Hand zu drücken. So haben sie das neue Gefühl im Mund schon kennenlernen können, indem sie ihn ausgiebig erkundet haben!

Ganz klassisch wird in unseren Breiten mit Karotte begonnen, es eignet sich jedoch jedes Gemüse, das gerade Saison hat. Also gerne auch Zucchini, Kürbis und Co! Sehr unterschiedlich ist die Breimenge, die Babys anfangs zu sich nehmen. Manche begnügen sich lange mit ein paar Löffelchen, dann heißt es nach dem Brei noch stillen, bis das Baby satt ist. Andere verschlingen schon am dritten Beikosttag eine ganze Portion. Bei ersteren heißt es sich in Geduld zu üben – wenn gar nichts geht, dann vielleicht lieber noch zwei Wochen zuwarten und dann den nächsten Breiversuch starten.

Ich persönlich halte viel von der stufenweisen Einführung neuer Lebensmittel, also immer 2-3 Tage zu warten, wenn Sie ein neues Gemüse oder Obst ausprobiert haben (auch wenn das aktuell nicht mehr modern ist!). So merken Sie sofort, wenn das Baby auf ein Lebensmittel etwa mit rotem Po oder Hautausschlag reagiert. Ihr Baby hat monatelang nur den Geschmack der Milch gekannt, es muss jetzt nicht jeden Tag eine neue Mahlzeit sein!

Natürlich ist es sinnvoll, verschiedene Geschmäcker auszuprobieren – aber gerade bei „Slow-go-Babies“ (also Babys, die gerne klare Strukturen mögen, nur im eigenen Bettchen schlafen und Veränderungen mit Geschrei ablehnen) liegt die Ablehnung der Mahlzeit nicht im Geschmack, sondern eben in der Veränderung des Ablaufs der Mahlzeit selbst. Statt Mamas Busen gibt es jetzt Löffel und einen anderen Geschmack – und wenn sich der jetzt auch noch täglich ändert (weil die Mama glaubt, Karotte schmeckt dem Baby nicht und Apfel auch nicht und nun verzweifelt eine

Alternative sucht!), wird bald komplett verweigert. Selbst geringe Mengen Beikost haben oft eine enorme Auswirkung auf Babys Stuhl – harter Stuhl verursacht Babies Schmerzen, wenn sie das ein paar Mal erleben, halten sie den Stuhl zurück, wodurch die Schmerzen noch größer werden, ein Teufelskreis! Wenn Sie also merken, dass aus dem weichen Muttermilchstuhl ein sehr fester wird, kombinieren Sie eine stuhlauflockernde Zutat wie zum Beispiel Apfel.

Eine kleine Faustregel fürs Trinken: pro Löffel Beikost ein Löffel Wasser. Anfangs ist das Baby ja noch durchs Stillen mit viel Flüssigkeit versorgt, aber spätestens wenn die ganze Mahlzeit durch Brei ersetzt ist, sollte auch ans Trinken gedacht werden!

Gläschen oder selber kochen?

Das ist oft ein großes Thema in Mütterrunden, und natürlich ist es toll, wenn man selber das Biogemüse aus dem eigenen Garten verkochen kann und so seinem Baby Gutes tut. Aber manchmal haben die kleinen Menschen da ihre eigene Meinung – so hat meine Tochter lange die enthusiastisch selbst gekochten Biomahlzeiten verweigert, weil mein Mixer einfach nicht so leistungsfähig war wie der von Herrn Hipp und sie nicht einmal Ministückchen im Brei akzeptierte!

Ein ganz neuer Trend ist Babyled Weaning – bei dem die Beikost in Stücken, sozusagen Fingerfood, eingeführt wird. Selbstständig essen von Anfang an …

Und wie kommt nun Gemüse ins Kind hinein?

Spätestens ab dem ersten Geburtstag kann das Kind das ganz normale Familienessen mitessen, gerne mit etwas weniger Salz und vielleicht nicht unbedingt sehr scharf gewürzte Speisen wie Chili con Carne. Meist ist das eine gute Gelegenheit auch für die Eltern einen gesünderen Lebensstil mit mehr Gemüse und Obst zu pflegen sowie den eigenen Salzkonsum zu reduzieren.

Was Eltern ganz oft erstaunt: das Baby, das bis jetzt alles kommentarlos und mit viel Appetit verspeist hat, verweigert plötzlich bestimmte Lebensmittel. Von einem Tag auf den anderen wird der bis dato geliebte Brokkoli nicht um alles in der Welt mehr gegessen. Das ist völlig normal und kein Grund zur Sorge, die Evolutionsbiologie hat dafür eine sehr einleuchtende Erklärung.

Über Jahrtausende Menschheitsgeschichte „übersiedelte" das etwa zwei Jahre alte Menschenkind vom mütterlichen Busen in die Kindergruppe, ganz einfach, weil ein Geschwisterkind an seinen Platz nachrückte. Diese Kindergruppe war dann weitgehend ohne erwachsene Aufsicht – Kindergarten gabs ja noch nicht – in der Natur unterwegs und genau jetzt war es duchaus sinnvoll sich nicht jedes grüne Kräutlein, das vielleicht auch noch säuerlich oder gar bitter schmeckte, in den Mund zu stecken. Und wie sind die Menschenkinder dann doch wieder auf den Geschmack gekommen? Indem sie mehrfach anderen zugesehen haben, wie dieses Lebensmittel mit Genuss und ohne Folgeschäden verzehrt wird – das heißt, beim Gemüsekonsum zählt wie so oft das langjährige Vorbild!

Mitunter ist Ideenreichtum bei der Zubereitung und Darreichung gefragt. Kinder sind meist Gesellschaftsesser – so wird in der Kindergruppe oder wenn andere Kinder zu Besuch sind, plötzlich ganz viel Obst verzehrt. Der Obstteller mit kleingeschnittenen Stückchen kommt wahrscheinlich besser an als ein ganzer Apfel. Gemüse lässt sich gut in pürierten Suppen oder Kartoffelpuffern verstecken oder in Nudelsaucen reiben. Was dem einen nur gedünstet schmeckt, mag der andere roh – und immer wieder probieren, probieren, probieren! Es heißt, dass Kinder ein Lebensmittel rund 17 Mal kosten müssen, um zu entscheiden ob es ihnen schmeckt oder nicht. Versuchen Sie, die täglichen Mahlzeiten so stressfrei wie möglich zu halten, sonst entwickeln sich leicht Machtkämpfe daraus! Vertrauen Sie darauf, dass das Kind bei ausreichendem. gesundem Angebot sich das holt, was es braucht.

Die Eltern bestimmen, was auf den Tisch kommt – und die Kinder bestimmen, was und wie viel sie davon essen!

Literaturempfehlungen:

Rezepte und Tipps für Babys Beikost,
Ingeborg Hanreich, Verlag I. Hanreich

Lieblingsrezepte für Kinder,
Dagmar v. Cramm, GU

Besondere Herausforderungen

Der „kleine Trotzkopf“ und ICH

Das erste Lebensjahr des Babies ist für die junge Familie eine Zeit voller Veränderungen, die Eltern sind ständig gefordert sich auf die schnell wechselnden Bedürfnisse des Säuglings einzustellen. Ist der erste Geburtstag da, das Baby wird zum Kleinkind und als Elternteil glaubt man, sich nun ein wenig zurücklehnen zu können – und dann kommt völlig unerwartet aus einer Kleinigkeit heraus der erste Trotzanfall. Binnen Sekunden mutiert das süße Kleinkind zum brüllenden Wüterich – willkommen im Trotzalter, eine anstrengende Zeit für Eltern und Kind steht bevor!

Wann genau spricht man vom Trotzalter?

Rund um den 18. Lebensmonat sagen die meisten Kinder zum ersten Mal „ich“ zu sich selbst. Das ist einerseits ein wichtiger Entwicklungsschritt, das Kind erlebt sich abgetrennt von den Eltern als eigene Person. Ich und Du sind übrigens die einzigen Worte, die wir Menschen nicht durch Nachahmung lernen können! Hand in Hand mit diesem „ICH“ geht oft der erste Trotzanfall.

Das klassische Trotzalter beginnt also im Laufe des zweiten Lebensjahres und bis zum 4. Geburtstag etwa sollte es weitgehend überstanden sein. Früher gab es übrigens nur die Bezeichnungen kleines und großes Trotzalter, für letzteres verwenden wir jetzt das Wort Pubertät. Die Pädagogik kennt mittlerweile noch zwei weitere Begriffe für krisenhafte Lebensabschnitte, die 6-Jahres-Krise (5. bis 7. Lebensjahr) und die Vorpubertät (8. bis 10. Lebensjahr). All diese Entwicklungsphasen sind durch große Veränderungen und damit einhergehenden Konflikten gekennzeichnet. Meiner Meinung nach handelt es sich aber um einen langfristigen Ablösungsprozess des Kindes von den Eltern, währenddessen es einfach schwierigere und leichtere Zeiten gibt.

Warum trotzen Kinder eigentlich?

Dafür gibt es unterschiedlichste Erklärungen. Gerne wird es als ein „Kampf“ um die Selbstständigkeit gesehen oder auch als Folge der Diskrepanz zwischen Wollen und Können. So will das Kind vielleicht gerade seine Socken selber anziehen, der Papa hat‘s aber eilig und will ihm helfen – der Frust es selbst noch nicht so gut und schnell genug zu können, endet in einem Wutanfall.

Evolutionsbiologen erklären die Trotzphase als Sicherung von Ressourcen. Bei Naturvölkern (und während der letzten zehntausend Jahre bestimmt auch in unseren Breiten) bekommt das Kind gegen Ende des zweiten Lebensjahres ein Geschwisterkind und verliert damit seine Vorrechte als Säugling und auch die Mutterbrust als gesicherte Nahrungsquelle, es muss sich ab jetzt damit begnügen, was es als vielleicht karge Familienkost gibt. Mit Schreien und Toben suchte es sich in Folge wenigstens ab und zu den Weg zur Muttermilch. So gesehen ist das Trotzen eine durchaus sinnvolle Überlebensstrategie über viele Tausend Jahre gewesen.

Was ist das Typische an einem Trotzanfall?

Ein klassischer Trotzanfall dauert ca. drei bis fünf Minuten, läuft sehr feucht ab mit Tränen und laufender Nase und kann nicht unterbrochen werden. Letzteres ist wichtig zu wissen, darauf komme ich im nächsten Abschnitt nochmal zurück. So sieht Trotz bei den allermeisten Kindern aus. Einige wenige ziehen sich einfach ganz ruhig zurück und schmollen in einer Ecke, da passiert es sogar manchmal, dass die Eltern die Trotzphase schlicht übersehen.

Vor dem Trotzanfall aber gibt es einen „Point-of-no-return“, bis dahin lässt sich das Kind noch ablenken bzw. seine Energie umlenken. Eltern stehen hier also mitunter vor der schwierigen Entscheidung – eingreifen und ablenken oder das Kind den Trotzanfall durchlaufen zu lassen, der ja auch eine wichtige Lernerfahrung ist. Das Kind lernt im Laufe der Zeit mit seiner Wut umzugehen, sie in sozial angemessene Bahnen zu lenken und erfährt auch: „Ich halte dieses übermächtige Gefühl aus, das mich da manchmal überrollt, ich bin stark genug." Das ist wichtig für den Selbstwert!

Das heißt also, wenn Sie gerade bei einer Familienfeier in einem tollen Restaurant sitzen und es bahnt sich ein Trotzanfall an, ist das Zuckerl zur Ablenkung zwar nicht ganz stark pädagogisch, aber der Situation angemessen. Versucht das Kind hingegen zu Hause auf dem Wohnzimmerteppich einen Turm aus Bausteinen zu bauen und es will und will nicht gelingen, kann daraus eine wichtige Lernerfahrung werden.

Welches elterliche Verhalten ist während des Trotzens hilfreich?

Natürlich ist das nicht die optimale Dauerlösung, denn unsere Kinder sind ja unglaublich intelligent und lernen somit rasch: „Aha, brüllen muss man also, um ein Zuckerl zu kriegen!" Dieselbe Lernerfahrung machen die Kinder auch, wenn Sie sich vom Trotzen „weichkochen" lassen und nachher das tun, was Sie vorher nicht tun wollten! Dann haben Sie es nämlich bald nicht mehr mit Trotz zu tun, sondern mit Machtkämpfen.

Ist das Kind bereits mitten in der Emotion, dann sparen Sie sich für die nächsten Minuten alle Worte, ein Trotzanfall kann nicht unterbrochen werden. Aber bleiben Sie dabei, beobachten Sie Ihr Kind – manche wollen in Ruhe gelassen werden, andere wiederum gestreichelt oder umarmt. Das Wichtigste aber ist, da zu sein, wenn die Wut abebbt, denn dann braucht das Kind Ihren Trost, Ihre Ruhe und Ihr Verständnis! Trotzen ist für Kinder ganz schön anstrengend.

Gibt es klassische Trotzanlässe?

Wenn Sie mit einem hungrigen Kind in den Supermarkt gehen, ist der Trotzanfall quasi vorprogrammiert. Hunger, Durst oder Müdigkeit lassen die Wahrscheinlichkeit für Trotz enorm steigen.

Ganz stark ist natürlich das Thema „Selber machen" – es gibt kaum etwas, was die Knirpse jetzt nicht selbst und alleine schaffen möchten. Da hilft nur eins, Zeit einplanen, mindestens doppelt so viel, wie Sie ohne Kind brauchen würden!

In vielen Bereichen kann man den Kindern das Selber machen auch gerne erleichtern – so ist zum Beispiel eine Hose mit Gummibund leichter anzuziehen als eine Jeans mit Gürtel. Diese Erleichterung des Alltags ist keineswegs sofort mit Verwöhnung gleichzusetzen, im Gegenteil, so schaffen wir Erfolgserlebnisse und Motivation. Wenn Sie Skifahren lernen, beginnen Sie ja auch am Übungshang und nicht auf der schwarzen Piste!

Kinder in diesem Alter haben auch noch wenig Zeitgefühl, wenn möglich, sollten Sie lange Wartezeiten für das Kind vermeiden. Wenn das Kind auf den Spielplatz möchte und Sie vorher noch etwas zu erledigen haben, ist es für das Kind einfacher, die Zeitspanne vorstellbar und bildlich erklärt zu bekommen. „Ich bügle noch diese drei Teile und dann gehen wir!" Variante: Sie stellen das Handy oder die Eieruhr auf die gewünschte Zeit und „Wir gehen dann, wenn es läutet". Das ist viel deutlicher als die beliebte Eltern-Aussage „Gleich!"

Trotzanfälle entstehen auch gerne, wenn Kinder sehr in ihr Spiel vertieft sind und plötzlich zum Essen kommen oder aufbrechen sollen. Auch hier lässt sich gut die Eieruhr-Methode einsetzen, das Kind weiß dann, dass es bald aufhören muss zu spielen.

Viele Kinder bestehen jetzt auf bestimmten Ordnungsmustern, die sie sich selbst zurechtgelegt haben. So wollten meine Töchter nur von grünen bzw. orangen Plastiktellern frühstücken, der Kakao musste natürlich im farblich passenden Becher serviert werden. Solche Wünsche zu erfüllen, natürlich sofern sie einigermaßen leicht erfüllbar sind, hat wiederum nicht mit Verwöhnen zu tun. Unsere Welt ist so voller Reize, Kinder beginnen sie in diesem Alter zu ordnen, einfach um sich einen Überblick zu schaffen und nicht völlig überfordert zu sein. Solche Eigenheiten vergehen meist ganz von selbst – auch meinen Töchtern ist es mittlerweile egal, wie der Frühstücksteller aussieht. Hauptsache, das Frühstück schmeckt!

Wenn wir die Situationen kennen, in denen unsere Kinder gerne ausflippen, ist es durchaus legitim, diesen Situationen eine Zeitlang aus dem Weg zu gehen – also zum Beispiel den Einkauf lieber alleine ohne Kind zu erledigen! Es werden sich genug Situationen ergeben, wo Sie den Trotzanfall nicht verhindern können. Natürlich soll es nicht das Ziel sein, dem Kind alle sprichwörtlichen Steine aus dem Weg zu räumen, das würde es wichtiger Lernerfahrungen berauben.

Das Trotzalter ist ein wichtiger Meilenstein auf dem Weg zur Selbstständigkeit, Kinder haben einige Lernaufgaben zu erledigen:

Meine Fähigkeiten sind nicht unbegrenzt!

Innerhalb eines Jahres haben sie sich vom völlig hilflosen Neugeborenen zu einer kleinen Persönlichkeit entwickelt, haben Greifen, Krabbeln und noch viel mehr gelernt, sie können auf einen Schalter drücken und es wird Licht. Dass es dann ärgerlich ist, dass diese blöden Socken nicht auf die Füße wollen, ist durchaus verständlich, oder?

Auch andere haben Gefühle und Bedürfnisse – und die können anders sein als meine!

In den ersten Lebensmonaten ist es wichtig, Babies Bedürfnisse so rasch wie möglich zu befriedigen. Je mobiler und selbstständiger es nun wird, umso mehr stößt es auf die Grenzen seiner Umwelt. Es wird nötig, Kompromisse zu schließen, sich manchmal anzupassen, Rücksicht zu nehmen und ab und zu auch mal auf etwas zu verzichten. Fällt auch Erwachsenen nicht immer leicht, oder?

Das wichtigste aber, das ein Kind erfahren sollte: Ich werde geliebt – auch wenn wir nicht einer Meinung sind!

Literaturempfehlungen:

Das Trotzkopfalter,
Doris Heueck-Mauß – Humboldt

Die 6-Jahres-Krise

Ein relativ neuer Begriff in der Pädagogik, noch gibt es auch wenig Literatur zu diesem Thema – früher waren nur zwei krisenhafte Zeiten in der Entwicklung definiert, nämlich wie im letzten Kapitel erläutert die Trotzphase und die Pubertät.

Der Vorteil der weiteren Krisenbenennungen mag sein, dass wir Eltern leichter damit umgehen können, wenn wir dem Ganzen einen Namen geben können.

Woher kommt die Krise?

Das Kind entwickelt sich vom Kleinkind zum (Vor)Schulkind, auch körperlich. Das Kindchen-Schema im Gesicht verliert sich, die Gestalt streckt sich – Arme und Beine werden länger und schlenkern plötzlich ungelenk am Körper herum. Erinnern Sie sich, wie Sie hochschwanger waren? Die Körperwahrnehmung ist plötzlich eine andere, der Schwerpunkt hat sich geändert, man neigt zum Stolpern und stößt sich an allen möglich Ecken und Kanten an – so geht es jetzt dem Kind. Gleichzeitig beginnen die ersten Zähne auszufallen, und die Ansprüche der Umgebung steigen. „Schließlich gehst Du ja bald zur Schule!" Spätestens jetzt macht das Kind Bekanntschaft mit der Leistungsgesellschaft. Es weiß, es muss den gut bekannten Kindergarten und vielleicht auch einige Freunde bald verlassen. Immer wieder hört es von dieser Schule, zu der es meist keine Vorstellung hat oder im schlimmeren Fall eine negative („Warte erst, bis Du in der Schule bist ....").

Das Kind muss jetzt also ein neues Selbstbild entwickeln, all diese Veränderungen, die den Erwachsenen vielleicht gar nicht so auffallen, durchlaufen und integrieren. Kein Wunder, wenn es plötzlich unsicher und/oder launenhaft ist und wieder mehr Verständnis, Zuwendung und Nähe braucht!

Was genau heißt eigentlich schulreif?

Die Schulreifefeststellung hat nicht zu tun mit einem Intelligenztest zu tun, es muss auch nicht extra dafür geübt werden! Schulreife ist vielmehr ein Bündel an Kriterien und Fähigkeiten. Natürlich gibt es eine intellektuelle Komponente, es wird geprüft, ob das Kind einige Zeit bei einer Aufgabe konzentriert verweilen kann, ob es flüssig spricht und wie gut und aufmerksam es beobachten kann.

Ganz wesentlich sind aber auch die emotionalen und sozialen Faktoren. Fühlt sich das Kind persönlich angesprochen, wenn zu einer Gruppe gesprochen wird? Fühlt es sich auch außerhalb der Familie ausreichend sicher, dass es entspannt von neuen Bezugspersonen lernen kann? Kann es konkrete Aufträge erledigen und einmal auch bei einer Sache bleiben, die grad nicht so hochgradig interessant ist? Weiß es, was ihm gehört und respektiert es den Besitz anderer?

Wenn Sie unsicher sind, sprechen Sie am besten mit Ihrer Kindergärtnerin, sie kennt das Kind außerhalb der Familie und hat sicher eine gute Einschätzung.

Ein guter Start in die Schule – was gibt es zu bedenken?

Die Auswahl der Volksschule bereitet vielen Eltern vor allem im städtischen Gebiet viele Gedanken und Sorgen. Eine große Rolle spielt der sichere Schulweg – es gehört übrigens zur Schulreife, dass das Kind den Schulweg alleine bewältigen kann, theoretisch jedenfalls – sowie die Möglichkeiten der Nachmittagsbetreuung.

Kinder lieben es die Schultasche aussuchen zu dürfen, Eltern sollten dabei Qualitätsmerkmale wie das Gewicht und die praktikable Aufteilung der Fächer im Auge behalten. Vorsicht bei recht auffälligen Motiven. Eine gute Schultasche ist ziemlich teuer und wer will schon für die zweite Klasse eine neue kaufen müssen, weil die aufgedruckte Comic-Figur aus der Mode geraten ist!

Ein bekanntes Ritual für den ersten Schultag ist die Schultüte – ich finde es schön, sie mit den Kindern selber zu basteln. Es gibt fertige Rohlinge im Fachhandel, die nur noch bemalt oder beklebt werden, so wird eine ganz persönliche Schultüte daraus – für die Füllung können dann die Eltern selber sorgen, was den Zuckerschock am ersten Schultag in Grenzen hält.

Für mich persönlich unerwartet groß war der „gefühlte" Unterschied, dass es plötzlich Schulpflicht heißt. Die Kinder im Kindergarten gut aufgehoben zu wissen war eine feine Sache, aber wenn mich plötzlich die Lust überkommen hat, weil das Wetter so schön ist in den Zoo zu gehen, war das kein Thema. Diese Flexibilität ist dahin – wenn das Kind krank wird, muss neben all dem organisatorischen Aufwand der Betreuung auch noch der Schulstoff nachgearbeitet werden.

Taschengeld für die ersten, eigenen Wünsche

Der Schulstart ist eine gute Gelegenheit Taschengeld einzuführen, damit können Kinder ersten Umgang mit Geld üben und ihre neue Selbstständigkeit in einem festgesteckten Rahmen auskosten. Die Höhe spielt gar nicht die große Rolle, vielleicht einmal mit € 0,50 pro Woche beginnen. Lieber klein anfangen und dann sukzessive erhöhen. Damit darf dann aber gekauft werden, was das Kind möchte – höchstwahrscheinlich Süßigkeiten ;-))

Das Kind lernt damit auf etwas zu sparen, Prioritäten setzen und auch spontane Wünsche von echten Bedürfnissen zu unterscheiden. Es wird wahrscheinlich auch Fehlkäufe tätigen und damit unzufrieden sein, das ist ein Lernprozess, unsere Konsumgesellschaft schafft nun mal Lust und Frust! Klären sie bei der Gelegenheit auch gleich mit Ihrem Kind, was mit größeren Geldgeschenken von Verwandten passiert – bis zu welchem Betrag dürfen die zum Taschengeld wandern und wann geht das Geld in die Sparbüchse?

Wichtig ist, dass Taschengeld keine Bezahlung für eine geleistete Arbeit ist und auch kein Erziehungsmittel (= Entzug als Strafe für unliebsames Verhalten) sein darf!

Handy, Nintendo & Co

Eine Spielkonsole ist ein gängiges Geschenk zum sechsten Geburtstag, viele Volksschüler besitzen ein eigenes Handy – ist das alles notwendig?

Das Handy ist für viele Eltern ein Sicherheitsfrage, es gilt zu überlegen, wo sind denn die Unsicherheitsfaktoren? Muss das Kind einen längeren Schulweg, vielleicht sogar mit öffentlichen Verkehrsmitteln, bewältigen? Dann ist ein Handy wahrscheinlich eine gute Idee, damit man sich erreichen kann – und wenn ein paar Spiele drauf sind, erledigt sich auch gleich der Nintendo ... Wird das Kind täglich zur Schule begleitet und auch wieder abgeholt, ist das Handy eher noch nicht notwendig.

Für Fernsehen und Computerspiele können jetzt Regeln vereinbart werden. Fünf- bis Siebenjährige sollten nicht mehr als 45 Minuten täglich vor einem Bildschirm verbringen, wobei ich in der Praxis wenig von einer täglichen Zeitvorgabe halte. Kinder halten das ganz schnell für ihren persönlichen Rechtsanspruch: „Ich hab heute noch gar nicht ferngeschaut!"

Ich empfehle eine Wochenbildschirmzeit zu vereinbaren und mit dem Kind zu planen, was es wann sehen bzw. spielen möchte. Das darf dann schon mal einen Tag mehr sein, dafür ist ein anderer bildschirmfrei! So kann man die Bildschirmzeit auch besser in den familiären Tagesablauf einbauen und vielleicht sogar ein Ritual daraus machen – am Samstagabend ist Heimkinotag, wir schauen uns gemeinsam einen Film an und machen Popcorn dazu. Ganz pragmatisch, im Winter darfs auch mal mehr sein, wenn im Sommer viel Zeit im Freien verbracht wird und damit die heimischen Bildschirme automatisch in den Hintergrund rücken.

Literaturempfehlungen:

Das Wackelzahnbuch,
Iwona Radünz, Thomas Röhner – Coppenrath (Kinderbuch)

Kinder können fernsehen,
Jan-Uwe Rogge, rororo

Kindheit 2.0 – so können Eltern Medienkompetenz vermitteln,
Stiftung Warentest

Experteninterview: Kreative Kinder

Mag.[a] Melanie Mezera ist Psychologin und Mal- und Gestaltungstherapeutin in freier Praxis. In Kreativkursen für Kinder ermöglicht sie den spielerischen Umgang mit unterschiedlichen Materialien (Farben, Ton, Holz, Naturmaterilien, Stoff, uvm.) und lädt zum Experimentieren ein.
In der mal- und gestaltungstherapeutischen Begleitung von Kindern und Jugendlichen unterstützt sie die KlientInnen bei Problemen wie Ängsten, Schüchternheit oder psychosomatischen Reaktionen sowie bei besonderen Lebenssituationen (z. B. Scheidung, Trauer, Trauma, Angehörige chronisch kranker oder behinderter Menschen).

Nähere Infos unter: www.magenta-maltherapie.at

Warum ist Malen und Zeichnen wichtig für die Entwicklung von Kindern?

Kinder sind in ihrer Entwicklung mit vielen unterschiedlichen Eindrücken und Erfahrungen konfrontiert. Um diese Eindrücke zu verarbeiten, nutzen sie das Spiel, die Bewegung, die Sprache, die Träume und das Malen. In den ersten Kritzelerfahrungen bemerken die Kinder den Zusammenhang zwischen ihrer Aktivität und der hinterlassenen Spur – das kann auch die Spur der Tomatensauce auf dem Teller sein, die lustvoll gezogen wird. Später setzen sich Kinder in ihren Zeichnungen noch einmal mit Erlebtem auseinander. Malen und Zeichnen hat immer einen Ausdrucks-Wert („Aus dem Druck kommen", Befreiung von Irritationen und Belastungen) und einen Erzähl-Wert (Signal an die Umwelt).

Welche Phasen der Zeichenentwicklung gibt es?

In der Kritzelphase (etwa bis zum 2. Lebensjahr) geht es um das Spuren hinterlassen und um erste Erfahrungen mit Malmitteln. Dabei werden Feinmotorik und Wahrnehmung geschult. In der Formensprache werden vorgeburtliche Sinneseindrücke nachempfunden, die an das Schaukeln im Mutterbauch oder den Herzschlag der Mutter erinnern. Es geht in dieser Phase noch nicht um das Ergebnis, der Malprozess steht im Vordergrund. In der Vorschemaphase (etwa 3./4. Lebenjahr) wird der Blattrand als Begrenzung wahrgenommen, nicht nur mehr der Malprozess sondern das Endprodukt steht für das Kind im Vordergrund. Das Kind benennt während des Malens oft seine Bildelemente – aus einem Dinosaurier kann allerdings mit wenigen Strichen eine Rakete, ein Hund oder ein Wald werden. Geschlossene Kreise als Ich-Symbol und Kreuze als Zeichen zunehmender Raumorientierung tauchen als neue Urformen auf, aus denen sich allmählich sogenannte Kopffüßler bilden. Darunter versteht man die Abbildung eines Kreises mit schematischem Gesicht und davon wegführenden Linien. Die Bezeichnung Kopffüßler ist eigentlich irreführend, da der Kreis für das Kind für das ganze Ich steht, das mit den Linien als Hände und Füße die Welt zu begreifen lernt. In der Schemaphase (etwa zwischen 5 und 7 Jahren) gibt es vor dem Malen bereits eine Vorstellung, was das Bild darstellen soll. Gemalte Szenen werden komplexer und es gibt einige typische Phänomene dieser Phase: Alle Gegenstände werden entlang der unteren Bildkante gemalt, oft gibt es die klassische Bilddreiteilung (unten Boden, oben Himmel, dazwischen die Figuren, Häuser,…), Röntgenbilder (es wird die Mama gemalt und durch das Kleid sieht man das Baby im Bauch), wichtige Dinge werden groß gemalt, Simultanperspektive (auf einem Bild sieht man einige Elemente von vorne und einige aus der Vogelperspektive). Ab etwa 8 Jahren wird die realistische und detailgetreue Abbildung immer wichtiger.

Welche Materialien sind empfehlenswert?

Das Angebot des Materials ist vom Alters des Kindes abhängig. Für Kleinkinder, die erste Malerfahrungen sammeln, eignet sich Material, das sich gut matschen und schmieren lässt, z. B. Fingerfarbe, Kleisterfarbe, Ton, Rasierschaum. Als Malwerkzeuge bieten sich Hände, Füße, dicke Pinsel, Bürsten, Schwämme, Plastikbälle und ähnliches an. Das Papierformat nicht zu klein wählen und den Malbereich mit Wachstuch oder Folie abdecken, damit die Putzarbeiten nicht den Spaß verderben. Alle Materialien sollten ungiftig und mit Wasser leicht von der Haut abwaschbar sein. Papier für Fingerfarben und ähnliches sollte etwas dicker gewählt werden, damit es nicht reißt. Man kann mit Tapetenresten, Packpapier, Karton oder Stoff als Untergrund experimentieren.

Später kann man neben den Fingerfarben auch verschiedene Stifte und Kreiden anbieten. Pro Material reicht eine überschaubare Farbpalette, es müssen nicht 120 verschiedene Farbstifte angeboten werden, auch das Mischen der Farben ist eine tolle Erfahrung für die Kinder. Nun sind auch Klebstoff und Schere reizvoll für die Kinder, mit Hingabe wird Papier gerissen, geschnitten und geklebt. Ab der Schemaphase sind vor allem Buntstifte, Bleistifte und Filzstifte beliebt, weil sie die genaue Darstellung von Gegenständen ermöglichen.

Zum plastischen Gestalten bieten sich Ton, Plastilin oder selbstgemachte Knetmassen, Gips, Speckstein, Holzreste, Naturmaterialien, Wolle, Stoff oder Verpackungsmaterialien an. Eine Kiste mit diversen „Schätzen“ dieser Art regt zum freien Gestalten an.

Welche Faktoren sind förderlich für den Malprozess?

Genügend Zeit, Raum und Ruhe sind angenehme Rahmenbedingungen für den Malprozess. Ein Angebot an unterschiedlichen Malmitteln und -werkzeugen unterstützt die Experimentierfreudigkeit. Kindern Raum lassen für ihre eigene Bildsprache und ihre eigenen Themen, auch wenn sie bestimmte Motive immer und immer wieder malen.

Wichtig ist die Achtung der Individualität und Vergleiche mit Geschwistern oder Gleichaltrigen zu vermeiden. Sprachbegleitung und offenes Sprechangebot statt Fragen stellen, das heißt, statt: „Was soll das sein?" lieber beschreiben: z.B. „Auf der Wiese stehen viele bunte Blumen und in der Mitte ein hoher Baum." Oder „Du hast viel Grün verwendet. Links und rechts sind viele grüne Kreise und in der Mitte ein roter langer Strich". Das Kind erzählt auf solche Aussagen hin oft selbst über sein Bild.

Generell gilt auch hier: Der Ton macht die Musik – Ein wertschätzendes und interessiertes „Was hast du da gemalt?" hört sich anders an als ein kritisches „Was soll denn DAS da sein?" Prinzipiell gilt ein wertschätzender Umgang mit den Kinderzeichnungen, also nicht gleich in die Mülltonne schmeißen, wenn einem das Kind freudestrahlend und stolz seine Bilder schenkt, selbst wenn es in unseren Augen nur ein paar Kritzeleien sind.

Mein Kind mag nicht malen – was soll ich tun?

Sie müssen sich keine Sorgen machen, wenn ihr Kind keine Lust zu malen hat. Es kann sein, dass es sich über die körperliche Bewegung, die Sprache oder das Rollenspiel ausdrückt und das ist genauso wertvoll für das Kind. Sie sollten ihr Kind nicht zum Malen überreden, wenn es keine Lust dazu hat.

Welche Botschaften sind in Kinderzeichnungen enthalten?

Bilder und Zeichnungen von Kindern sind Ausdruck ihres Befindens und ihrer Gedankenwelt. Sie sind mehr als „nur" gezeichnete Gegenstände oder undefinierbare Striche, deren Bedeutung für Erwachsene in vielen Fällen nicht auf Anhieb greifbar ist. Es darf allerdings das Malen und Zeichnen der Kinder nicht als isolierte, für sich allein betrachtete Tätigkeit interpretiert werden. Es soll mit anderen Beobachtungen des Kindes in Verbindung gebracht werden. Kinder gestalten Erlebnisse und Gefühle, indem sie Sinnbilder wählen, die ihnen passend erscheinen, z. B. für eine bedrohliche Situation einen Kampf mit Drachen und Monstern. Doch ist hier Vorsicht geboten – wie bereits angesprochen sollen Symbole und Darstellungen immer im Kontext mit weiteren Informationen betrachtet werden: z. B. kann eine harmonische Zeichnung in bunten Farben der Realität entsprechen bzw. Wunschfantasie sein. Eine dargestellte Gewaltszene kann Ausdruck einer erlebten Situation sein bzw. die Umsetzung einer Filmszene, die das Kind aktuell gesehen hat. Genauso können Blitze Ausdruck einer seelischen Erschütterung sein, sie können aber auch die Faszination über ein kürzlich erlebtes Nachtgewitter ausdrücken. Informationen bekommt man nur durch das einfühlsame Gespräch mit dem Kind über das Bild sowie durch aufmerksame Beobachtung des Spiels, der Körpersprache und des Verhaltens des Kindes.

Mein Kind malt so gern mit schwarzer Farbe, ist das Grund zur Sorge?

Kinder wählen aus unterschiedlichen Gründen gern die Farbe schwarz: Natürlich kann eine seelische Belastung dahinterstecken, sofern das Kind ansonsten keine Auffälligkeiten zeigt, besteht meist kein Grund zur Sorge. Kinder lieben oft den Kontrast der dunklen Farbe auf hellem Untergrund, manchmal ist schwarz die einzige Farbe, die noch verfügbar war und das Kind traut sich nicht nach einer anderen zu fragen. Manche Situationen wie die Nacht sind eben dunkel und das Kind möchte sie genauso abbilden. Und manche Kinder erfreuen sich an den besorgten Gesichtern, die sie bei den Eltern auslösen, wenn sie nach der Farbe Schwarz greifen ;-).

Was ist Maltherapie?

Die Maltherapie bedient sich der Bildsprache, um Gefühlen und seelischen Zuständen Ausdruck zu verleihen, für die die Worte oft fehlen. Durch Malen und plastisches Gestalten, durch therapeutisches Puppenspiel, Imaginationen oder Collagen werden diese sichtbar, begreifbar und veränderbar. Es tauchen neue Lösungsmöglichkeiten und Ressourcen auf. Es geht in der Maltherapie nicht um den künstlerischen Anspruch, sondern um den Gestaltungsprozess.

Literaturempfehlungen von Melanie Mezera:

Was Kinderzeichnungen uns erzählen,
Fleck-Bangert, R. - Kösel

Die Bildsprache der ersten Jahre verstehen,
Gier, R. - Kösel

Was Kinderzeichnungen erzählen,
Krenz, A. - Verlag modernes Lernen

Wenn Kinder malen,
Lebeus, A. - Beltz

Kinderwerkstatt Malen,
Studer, Ch. - AT Verlag

Vom Kritzelkratzel zur Farbexplosion,
Wierz, J. - Ökotopia

Spezialausrüstung

Rituale – warum sie für Kinder so wichtig sind

Ein Ritual – was ist das eigentlich?

Ein Ritual, das sind Verhaltensweisen, die einem festen Ablauf, gewissen Regeln oder einem Schema unterliegen und in bestimmten Situationen wiederholt werden. Manche werden geübt, manche unbewusst vollzogen – die Abfolge ist allen Beteiligten vertraut. Der Sinn ist nicht immer logisch erfassbar, sondern besteht darin, dass das Ritual anerkannt ist und befolgt wird.

Manch einer mag beim Wort Ritual eher an Eingeborenen-Stämme denken, die singend rund ums Lagerfeuer tanzen, um Regen zu beschwören – aber ich bin sicher, jeder von uns hat eine Unzahl an Mini-Ritualen, die ihn durch den Alltag begleiten. Wo liegt zum Beispiel Ihr Schlüssel? Wahrscheinlich haben Sie einen fixen Platz dafür, wo er gleich nach dem Heimkommen hingelegt wird, vor dem Schuhe ausziehen oder nachher? Und – wenn er nicht dort liegt, wo suchen Sie dann zuerst?

Kindern geben Rituale Sicherheit und Halt in einer an Reizen unüberschaubaren Welt. Es tut gut, sich auf etwas verlassen zu können – und sei es nur jeden Abend beim Schlafengehen dieselbe Geschichte!

Gerade in Krisenzeiten sind Rituale für Kinder eine große Hilfe, wenn es zum Beispiel krank ist, dann gibt es immer diese spezielle Suppe und es darf im Bett auch kleine Bastelarbeiten machen, vielleicht ein Collage kleben.

Mit Ritualen lassen sich auch familiäre Werte fassbar machen. Ist uns Umweltschutz ein Anliegen, so könnten wir gemeinsam Geschenkpapier basteln – Packpapier mit Erdäpfeln bedrucken macht den meisten Kindern Spaß. Wollen wir Achtsamkeit und Dankbarkeit „schulen", werden unter dem Christbaum die Geschenke nicht einfach aufgerissen, sondern eins nach dem anderen wird langsam befühlt, geschüttelt, geraten, was wohl drin ist und dann sorgsam ausgepackt.

Ein schönes Ritual, das die Gesprächskultur fördert: Beim Abendessen erzählt jeder von seinem schönsten Erlebnis des Tages! Unbeliebte Tätigkeiten lassen sich durch Rituale positiver gestalten – so hilft vielleicht besonders schwungvolle Musik beim Putzen oder auch die Aussicht auf eine besondere gemeinsame Jause danach.

Eltern können mit Ritualen manch kritische Erziehungssituation umschiffen – ist zum Beispiel jeden Abend der Weg ins Badezimmer zum Umziehen mühsam, könnte man etwa einen Wecker einstellen, dessen Gong die Umziehzeit vorgibt oder eine Decke wird zum Eisenbahnwaggon, der das Kind vom Wohnzimmer ins Bad bringt. Dazu wird das Lied „Tschu tschu tschu die Eisenbahn" gesungen.

Wie entstehen Rituale?

Meist werden Traditionen aus der Herkunftsfamilie übernommen, wird dann eine eigene Familie gegründet, prallen oft zwei Welten aufeinander. Gerade zu Festen wie Weihnachten wird in jungen Familien oft heftig übers Weihnachtsmenü, die Art des Christbaums oder wer wen wann besucht diskutiert.

Dann gilt es, Varianten zu probieren, sich etwas auszudenken und neue Traditionen zu schaffen. Überlegen Sie, was Sie besonders positiv in Erinnerung haben: der Kuchen, der immer fürs Sonntagsfrühstück gebacken wurde, der Kasperl, der am Mittwochnachmittag geschaut werden durfte, …

Oft kommt einem auch der Zufall zu Hilfe: Meiner kleinen Tochter fiel der Abschied im Kindergarten immer schwer und wir haben vieles probiert, das ich in klugen Büchern gefunden hatte. Eines Tages trug ich zufällig Lippenstift, gab ihr ein Bussi auf die Wange und sagte ohne nachdenken über den entstandenen Lippenstiftabdruck: „Jö, heute hast du ein Bussi, das bei dir bleibt!" Und so eines wollte sie dann jeden Tag haben und der Abschied war für die nächsten Monate kein Thema mehr!

Wann und wofür sind Rituale geeignet?

- **Für regelmäßig wiederkehrende Situationen**
  - Tägliche Rituale – morgens, abends, essen, waschen, anziehen, aufräumen, schlafen gehen
  - Im Jahreskreis – Schneeglöckchen pflücken, Kastanien sammeln, Kekse backen, …
  - Feste – Geburtstage, Weihnachten, …

- **Für Übergänge**
  - Wochentage – Wochenende
  - Erster Kindergarten, erster Schultag
  - Schnuller abgewöhnen
  - Geschwisterkind wird geboren

- **Für besondere Situationen**
  - Abschied nehmen
  - Streiten und Versöhnen
  - Krankheiten
  - Ängste
  - Besuche

Was Rituale nicht sein sollen?

Ganz wichtig:
ein Ritual darf nie eine Strafe sein!

Von Zeit zu Zeit gehören Rituale auch einem „Service" unterzogen – passt das Ritual noch für alle Beteiligten? Gerade Kinder entwickeln sich ja rasch, so ist es öfter mal notwendig Anpassungen durchzuführen.

Sobald das Ritual von einem in der Familie als einschränkend empfunden wird, verkommt es schnell zum inhaltsleeren Zwang. So lustig der Sonntagsspaziergang im Wald mit den Kleinen auch war, Teenager dazu zwingen, muffelig hinter den Eltern her zu marschieren macht wohl keinen Sinn.

Literaturempfehlungen:

Kinder lieben Rituale,
Christel Langlotz und Bela Bingel – Ökotopia Verlag

Lesen beginnt beim Bilderbuch

Vorlesen und Geschichten erzählen sind mehr als bloßer Zeitvertreib

Im Gegenteil – Studien belegen, dass Vorlesen schon im Säuglingsalter nützlich ist. Es hilft bei der Sprachentwicklung, schult die visuelle Wahrnehmung und regt Phantasie und Kreativität an. Und es fördert ganz wesentlich die spätere Lesemotivation sowie das Leseinteresse.

Wichtig dabei ist das Miteinander, was nicht funktioniert ist das Vorlesen an die Hör-CD zu delegieren! Kinder brauchen ein Gegenüber beim Erlernen der Sprache, wollen Fragen stellen, an ihnen wichtigen Stellen verweilen, anderes überspringen und sich auch selbst dazu äußern.

Vorlesen und Geschichten machen Ihr Kind auch mit Begriffen bekannt, die es nicht alltäglich hört. Oft faszinieren gerade an Märchen die alte Sprache und Worte wie Pfefferkuchenhaus, Seidenpantoffel oder Hexe. Und weil die Geschichte spannend ist, bleiben sie aufmerksam und schulen ganz nebenbei Konzentrationsfähigkeit und Vorstellungskraft.

„Die Grenzen meiner Sprache sind die Grenzen meiner Welt.“

Ludwig Wittgenstein

Welches Bilderbuch ab wann?

Schon ganz kleine Babys lieben Fotos ihrer Familie! Warum nicht Fotos von Mama und Papa, Oma und Opa, etc. laminieren und als kleines Büchlein binden. Tipp: Laminieren geht prima mit dem Bügeleisen auf niederer Stufe, wenn Sie kein Gerät besitzen!

Erste Bilderbücher sollten klein und handlich sein, nicht zu schwer – Babys lesen ja oft im Liegen und da fällt das Buch schon mal auf den Kopf. Zum Anfangen eignen sich Bilderbücher, in denen einzelne Gegenstände aus Babys Alltag wie Schnuller, Rassel, Flasche ohne weiteren Hintergrund dargestellt sind. Beliebt sind auch Bücher aus Stoff oder Plastik, die kann man sogar in die Badewanne mitnehmen.

Bald danach kommen Fühlbücher ins Spiel. Unterschiedliche Oberflächen aus Plüsch, glatter Folie oder auch Schmirgelpapier lassen beim Vorlesen weitere Sinneserfahrungen zu. Fühl mal, wie flauschig der kleine Hase ist! Interessant ist es auch, wenn das Bilderbuch über Klappen verfügt, so dass es auf einer Seite gleich mehrere Ebenen zu entdecken gibt.

Nach dem ersten Geburtstag werden dann Wimmelbücher interessant. Hier findet man zum Beispiel eine Szene im Park mit ganz vielen Details dargestellt und kann mit dem Kind immer wieder neue Kleinigkeiten entdecken. Liederbücher sind meist eher für die Eltern interessant – oft ist das eigene Repertoire an Kinderliedern ja nicht so groß – trotzdem macht auch das Singen mit Buch in der Hand vielen Kindern Spaß.

Schon für ganz Kleine gibt es Sachbilderbücher zu unterschiedlichsten Themen. Nach einem Besuch am Bauernhof stehen oft Tiere hoch im Kurs oder auch verschiedenste Fahrzeuge oder die Baustelle.

Sehr unterschiedlich ist, wann Kinder genügend Ausdauer besitzen, sich ein Buch nicht nur anzuschauen, sondern einer einfachen vorgelesenen Geschichte zuzuhören. Einfach immer wieder mal probieren! Bis zum dritten Geburtstag sollten die Geschichten auf einer Seite Platz finden – dass eine Geschichte auch nach dem Umblättern weitergeht, wird erst später verstanden.

Sehr hilfreich sind Bilderbücher, wenn es um große Themen und Lebensabschnitte im Leben eines Kindes geht – wenn es zum Beispiel bald in den Kindergarten kommt oder ein Geschwisterchen bekommt. Es erfährt schon einmal, was da auf es zukommen kann und erhält auch etwas Zutrauen. Wenn die Conni im Buch das schafft, obwohl sie vorher etwas ängstlich war, dann werde ich das auch schaffen!

Was, wenn mein Kind am Buch kaut, es zerreißt …?

Vorerst mal ruhig bleiben, je kleiner das Baby, umso mehr will es das Buch mit allen Sinnen erleben – vielleicht eher erst mal auf sehr stabile Ware aus Plastik oder Stoff zurückgreifen. Oder auch ein Buch zum „Knabberbuch" erklären und bei allen anderen gebetsmühlenartig immer wieder wiederholen: "Wir gehen sorgsam um mit Büchern!"

Wann und wie oft soll ich denn vorlesen?

Wann immer es Ihnen und Ihrem Kind Spaß macht. Schauen Sie darauf, dass Vorlesen immer etwas Gemütliches hat – kuscheln Sie sich zum Beispiel ins große Bett, das zur Lesehöhle erklärt wird. Zwingen Sie Ihr Kind nie dazu! Manche Kinder schauen sich Bücher lieber mal selber an und entdecken die Vorteile des Vorlesens erst spät.

Muss ich genauso vorlesen, wie es im Buch steht?

Bei einem kleinen Kind können Sie eine Geschichte gern mal kürzen oder einzelne Worte tauschen (wenn Sie zum Beispiel lieber Erdäpfel statt Kartoffel sagen!), ein älteres Kind besteht meist genau auf dem Wortlaut, den es gewohnt ist. Es wird Sie dann schnell auf Ihre „Fehler" beim Vorlesen aufmerksam machen ;-)

Wann endet denn das Bilderbuchalter?

Nach meiner Meinung nie – oder haben Sie nicht auch schöne Bildbände daheim?

Das Vorbild der Eltern

Die Anzahl der Bücher in einem Haushalt stehen in direktem Zusammenhang mit der Lesefreudigkeit der Kinder. Wenn Sie Ihrem Kind von Anfang an vorleben, dass es Spaß macht Bücher und Zeitschriften zu lesen, wird aus Ihrem Kind ganz bestimmt ein kleiner Bücherwurm!

Fördern – fordern – überfordern

Ganz oft hört und liest man in verschiedenen Medien, gezielte Frühforderung müsse sein, denn sonst verlieren die Kinder schon in jungen Jahren den Anschluss und würden nicht fit für die zukünftige Arbeits- und Berufswelt. Das fördert natürlich die Angst vieler Eltern, etwas zu verpassen oder falsch zu machen und damit möglicherweise fatale Spätfolgen für den Lebenslauf ihrer Kinder zu verursachen. Lern- und Förderkurse für Kleinkinder boomen, pädagogisch wertvolle Lernspiele füllen die Regale – in den USA und Japan werden bereits pränatale Kurse angeboten und manche Dreijährige haben einen vollen Terminkalender wie GeneraldirektorInnen. Was ist sinnvoll und wie kann Eltern die Gratwanderung zwischen fördern, fordern und überfordern gelingen?

Darüber, was ein Kind wann kann bzw. können soll, finden sich unzählige Bücher und Aufstellungen in Listenform, meist so gestaltet, dass Eltern sofort beginnen geistig abzuhaken, was schon alles geht und was nicht. Damit wird viel unnötiger Stress verursacht, wenn möglich, versuchen Sie von dieser Art solche Listen zu lesen Abstand zu nehmen! Die interessante Seite dieser Bücher ist für mich die Aufzählung aller Lernleistungen, die Kinder in den ersten Jahren vollbringen – und das meist ganz selbstverständlich und nebenbei. Den wenigsten Eltern ist bewusst, dass nicht nur das Greifen von Gegenständen gelernt werden muss, sondern auch das Loslassen.

„Spielen ist die Arbeit des Kindes"

So sagt Maria Montessori – und tatsächlich: jedes Kind ist von Natur aus ein geborener Forscher und Entdecker und mit einem unbändigen Lernwillen ausgestattet. Wie unermüdlich sind Kinder, wenn es darum geht, Krabbeln oder Gehen zu lernen! Immer wieder probieren sie, Misserfolge werden weggesteckt und endlich ist es dann geschafft.

Diesen Entdecker- und Lernwillen gilt es so lange wie möglich zu erhalten. Vertrauen Sie darauf – er ist da. Eltern und Erzieher können ihn höchstens untergraben, man muss ihn nicht hervorlocken! Ist auch nur irgendetwas Interessantes in der Umgebung, wird sich das Kind auf den Weg machen darüber etwas zu lernen. Unterschätzen Sie hier nicht die ganz simplen Dinge!

Gemeinsame Aktivitäten im Haushalt

Nehmen wir als Beispiel etwas ganz Einfaches wie das tägliche Tisch decken – was lernt unser Kind dabei:

- Teamwork – wir arbeiten gemeinsam und teilen uns die Aufgaben nach den jeweiligen Fähigkeiten
- Entscheidungsfähigkeit – „Was meinst Du, nehmen wir die gelben oder die blaugestreiften Servietten?“
- Kompetenz – „Meine Entscheidungen werden ernst genommen und ich habe Einfluss“, das tut ganz nebenbei auch dem Selbstwert gut!
- Feinmotorik – wenn es die Servietten auch noch falten darf
- Tischkultur – wo liegen Messer, Gabel und Löffel nochmal?

Ist doch ein tolles Förderprogramm, oder? Betrachten Sie mal die Dinge des Alltags – das konzentrierte Sandkuchenbacken am Spielplatz, den Ausflug in den Wald – unter diesem Blickwinkel, Sie werden erstaunt sein, was es da alles zu lernen gibt!

Lernspiele

Zugegeben – da gibt es viel Interessantes am Markt und jedes für sich ist bestimmt wertvoll! Weniger ist aber gerade bei Spielen mehr – das Regal voller fantastischer, pädagogisch wertvoller Lernspiele bringt nichts, wenn es keine Zeit und Gelegenheit gibt, damit zu spielen. Suchen Sie am besten solche aus, die auch Ihnen Spaß machen werden, schlussendlich ist für Kinder immer noch das Schönste am gemeinsamen Spielen die Zeit, in der sie mit ihren Eltern Spaß haben!

Fernsehen und Computerspiele

Es gibt zahlreiche Studien über die Auswirkung von Fernsehen und Computer für Unter-Dreijährige, die Ergebnisse variieren von „hat keine schädliche Auswirkung“ bis zu „hat verheerende Auswirkungen“. De facto gibt es aber keine einzige Studie, die einen förderlichen Einfluss von Fernsehen und Computer auf Babies und Kleinkinder nachweisen kann. Sie tun Ihrem Kind also ganz sicher nichts Schlechtes, wenn Sie es in den ersten Lebensjahren von Bildschirmmedien fernhalten!

Für etwas größere Kinder gibt es fantastische Wissenssendungen, bei denen auch Erwachsene immer wieder noch dazulernen können. Und manchmal darf man ruhig auch etwas völlig Sinnentleertes schauen oder spielen, ohne pädagogischen Anspruch, ausschließlich zwecks Spaß und zur Entspannung.

Nachmittagsaktivitäten und Kurse

Bitte mit Maß und Ziel und viel Abwechslung! Kinder profitieren am meisten, wenn sie sich in vielen verschiedenen Dingen und Umgebungen ausprobieren können. So lassen sich auch die Talente und Fähigkeiten am besten entdecken, weil Sie sehen, womit Ihr Kind die größte Freude hat! Ein Semester vielleicht Eltern-Kind-Turnen, dann mal ein Kurs mit Musik, später die Krixi-Kraxi-Gruppe, in der man sich mit Farben austoben kann.

Ich empfehle aber immer, nicht mehr als zwei Aktivitäten pro Woche, sonst bleibt kaum noch Zeit, um sich mit Freunden zu treffen, auf den Spielplatz zu gehen oder einfach ohne Programm zu Hause zu sein! Viele Eltern fürchten da wohl den Satz: „Mir ist fad!" Aber wir Eltern sind nicht die Animateure und Fad sein hat auch etwas Gutes – aus Langeweile entstehen oft die kreativsten Dinge!

Wie Sie einen guten Weg finden

Statt sich mit der Förderung auf einen bestimmten Bereich wie die sprachliche oder motorische Entwicklung zu konzentrieren, ist es sinnvoll, Ihr Kind als Ganzes zu sehen und seine Individualität nicht zu vergessen. Deshalb auch Vorsicht mit Vergleichen, jedes Kind hat seine eigene Geschwindigkeit und sein ganz persönliches Temperament. Vergessen Sie nicht: Das Gras wächst nicht schneller, wenn man daran zieht!

Die beste Förderung besteht wohl darin, dem Kind zu geben, was es braucht und das ist aus meiner Sicht folgendes:

- Viel Nähe und Wärme, ein gutes Klima in der Familie – ein sicherer Hafen, von dem aus sich die Welt erobern lässt
- Vielfältige Erfahrungen – Kinder erleben die Welt mit allen Sinnen
- Reichlich Bewegung in frischer Luft
- Spiel- und Freiraum für ihre Experimente – auch wenn es dabei mal schmutzig und turbulent zugeht

Literaturempfehlungen:

Kinder gezielt fördern,
Cornelia Nitsch/Dr. Gerald Hüther – GU Verlag

Mütter-Burnout – gibt es das?

Noch vor gar nicht allzu langer Zeit hieß die Karenzzeit offiziell KarenzURLAUB. Also, wenn man mir so einen Urlaub im Reisebüro verkauft hätte, ich hätte mich beim Konsumentenschutz beschwert. Andererseits muss ich auch ganz ehrlich zugeben, dass ich mich früher schon immer gefragt habe, was die Frauen mit kleinen Kinder den ganzen Tag zu Hause wohl machen, ich hab mir das ungeheuer langweilig vorgestellt. Insofern kann ich mir gut vorstellen, dass viele Menschen nicht verstehen können, dass gerade Mütter ins Burnout geraten können.

Schauen wir uns mal die Liste der Merkmale burnout-gefährdeter Berufsgruppen an, was haben diese Berufe gemeinsam?

- Pflegende Berufe
- Emotionale/quantitative/qualitative Überlastung
- hohe Verantwortung
- Hoher Zeitaufwand
- Wenig Anerkennung
- Wenig Autonomie
- Kommunikationsmangel
- Haben Beruf oft selbst gewählt und sehr geliebt
- Sind/waren zu Höchstleistungen motiviert
- Möchten etwas bewirken/bewegen

Jetzt sieht die Sache gleich etwas anders aus, oder? Je jünger das Kind, umso mehr pflegerische Aufgaben, die quantitative Überlastung liegt anfangs sicher im Schlafentzug. Die klassische Geburtsvorbereitung ist auf den Moment der Geburt fokussiert, die 18 Jahre danach bis zur Volljährigkeit werden ausgeblendet. Die hohe Verantwortung für das Überleben des Kindes zuständig zu sein – vor allem stillende Frauen, die ja auch alleine die Ernährung übernehmen! – ist eine enorme emotionale Belastung. Gleichzeitig gehen viele Kontakte verloren – man ist ja die erste Zeit viel zu Hause, hat keine Arbeitskollegen, Freunde ohne Kinder sind meist auf Dauer nicht so begeistert, sich Babygeschichten anzuhören und ein neues Netzwerk mit Familien mit Kindern muss erst mühsam aufgebaut werden. Der Säugling gibt den Takt vor, selbst die Zeit zu der man duschen geht, muss sich erstmals nach ihm richten und über die gesellschaftliche Anerkennung die Arbeit von Müttern wollen wir ja gar nicht reden. Siehe auch meinen Buchtipp: Schatz, wie war Dein Tag auf dem Sofa!

Deshalb ist gerade für Frauen, die ein lang geplantes Wunschkind erwarten und nun alles besonders perfekt machen wollen, Burnout-Vorbeugung besonders wichtig!

NEIN als günstigste Burnout-Prophylaxe

Gerade Frauen sind in ihren Rollen als Mutter, Freundin oder Kollegin immer wieder gefordert, Beistand zu leisten, zu unterstützen, zu helfen. Meist passiert das auch mit großem Einsatz oder großer Freude, aber manchmal passt es einfach nicht – und hier kann ein gezielt eingesetztes NEIN hilfreich sein. Dieses NEIN zeigt, dass ich mich selber ernst nehme, dass ich meine Grenze kenne und auch bereit bin, diese aufzuzeigen.

Oft steckt Angst dahinter. Angst, die Liebe oder die Wertschätzung des Gegenübers zu verlieren, oder auch Angst, den anderen zu verletzen. Vielleicht auch Angst, als herzlos oder egoistisch zu gelten, oder etwa gar die Angst den Arbeitsplatz, die Freundin oder den Partner zu verlieren. Eines verlieren aber wir selber, wenn wir nie NEIN sagen – unser Ansehen vor uns selbst, denn dann haben wir nicht auf unsere eigenen Bedürfnisse gehört! Vielfach neigen Menschen aber dann dazu, doch JA zu sagen, über ihre

Grenzen zu gehen, zu helfen, obwohl sie eigentlich schon selber Hilfe bräuchten. Das Resultat nennt man im Extremfall Burnout! Ein NEIN zum passenden Zeitpunkt ist eine günstige Form der Prophylaxe.

Selbstbewusstsein ist gefragt

Selbstbewusst NEIN zu sagen setzt voraus, dass ich mir „meiner selbst bewusst" bin. Dass ich mich spüre, dass ich anerkenne, wenn mein Körper müde ist, dass ich merke, was macht mir Spaß und was nicht, wo ich vielleicht traurig oder auch enttäuscht bin. Vielfach haben wir das schon verlernt und es braucht etwas Zeit und Übung, sich wieder auf sich selbst zu besinnen.

Vielen fällt es leichter, das NEIN auszusprechen, wenn sie es mit einer Erklärung koppeln können, die möglichst gesellschaftlich akzeptiert ist! „NEIN, ich kann dir bei deinem Umzug nicht helfen, weil ich zu der Zeit im Ausland bin." sagt sich leichter als „NEIN, weil ich nicht will!" Auch wenn das anderen gegenüber schwer zu argumentieren ist, manchmal ist es aber so, dass man etwas einfach nicht will. Vielleicht oder sogar wahrscheinlich gibt es dafür einen guten Grund, aber man kann es bloß jetzt noch nicht in Worte fassen!

Hat es denn auch Vorteile, nicht NEIN zu sagen?

Ganz ehrlich gesagt – ja, auch wenn das vielleicht ein wenig schmerzhaft sein mag. Wenn wir etwas tun, das wir eigentlich nicht wollen, können wir uns getrost als selbstlose Menschen bezeichnen (ohne die die Welt ganz anders ausschauen würde!), wir werden eher gemocht und können anderen ein schlechtes Gewissen machen, weil wir ja schon so viel für sie getan haben. So lässt sich auch leichter anderen die Schuld geben, dass wir unser Leben nicht so gestalten können, wie wir gerne möchten. Wir vermeiden Konflikte und ersparen uns mögliche Schuldgefühle.

Wie sage ich es nun?

Ein guter Buchtipp dazu ist „Das kleine und das große NEIN“ von Gisela Braun und Dorothee Wolters. Ein Kinderbuch, das auch für Erwachsene hilfreich sein kann! Ein Kind versucht hier in mehreren Situationen, NEIN zum Verhalten von Erwachsenen zu sagen und wird nicht wahrgenommen. Bis es aufsteht, die Hände in die Hüften stützt und ganz laut spricht.

Wenn Sie jemand um etwas bittet und Sie würden lieber NEIN als JA sagen, antworten Sie nicht sofort, sondern bleiben erst mal bei: „Moment bitte, das muss ich mir überlegen! Kann ich dir in einer Stunde/morgen/in einer Woche Bescheid geben?“ Das gibt Ihnen Zeit, um zu der Klarheit zu kommen, was jetzt die endgültig passende Antwort für Sie ist.

Fazit: NEIN sagen beginnt im Kopf, Sie müssen sich selbst die innere Erlaubnis dazu geben und NEIN sagen heißt auch Verantwortung für sich selbst übernehmen. Es lohnt sich, es zu üben!

Gesunde Ernährung und gezielte Nahrungsergänzung

Schwangerschaft und Stillzeit sind Hochleistungszeit für den weiblichen Körper, nach der Geburt folgt außerdem Schlafentzug und Stress. Als meine Kinder zwei und vier Jahre alt waren, habe ich mich körperlich so ausgelaugt und erschöpft gefühlt, wie nie zuvor im Leben. Ich bin tagtäglich bei der Gute-Nacht-Geschichte für die Kids eingeschlafen und war nach 10 Stunden Schlaf noch immer nicht wirklich fit. Zu dieser Zeit hatte ich das Glück, eine ehemalige Arbeitskollegin zu treffen, die mir Aloe-Vera-Gel zum Trinken empfahl. Kein Wundermittel, sondern ein enorm potenter Gemüsesaft, der seitdem zu meinem Alltag gehört – als erste der fünf täglich empfohlenen Obst- und Gemüseportionen pro Tag!

Mittlerweile hab ich diese Empfehlung an viele müde Mütter weitergegeben und ebenso viele begeisterte Rückmeldungen über die plötzlich mehr vorhandene Energie bekommen. Mehr Info dazu in meinem Blog www.abenteuer-alltag.at, im Online-Shop www.be-forever.at/verarosenauer oder auch direkt bei mir!

Bewegung und Entspannung

Die beiden hängen ja für viele nicht so ganz direkt zusammen ;-) aber regelmäßige Bewegung ist wichtig für den Abbau von Stresshormonen und letztendlich auch fürs Wohlfühlen (spätestens nach der sportlichen Einheit!) Viele Babys schlafen ja ohnehin besonders gut im Wagerl, was Zeit für einen ausgedehnten Spaziergang schafft – Sport lässt sich auch gut mit Baby im Tragetuch machen.

Entspannung ist ein zugegeben schwierigeres Thema – das Thermenwochenende ist mit Kind schon finanziell oft nicht so leicht möglich und auch nicht so entspannend wie allein mit dem Partner. Mit Ideenreichtum lassen sich aber Mini-Entspannungsoasen in den Alltag einbauen – vielleicht ein besonders gut duftendes Duschgel oder der spezielle Tee, wenn das Kind seinen Nachmittagsschlaf macht! Eine Workshopteilnehmerin hat uns einmal den Tipp gegeben, bei jedem Glas Wasser, das sie trinkt, macht sie für zwei Sekunden die Augen zu und genießt das Gefühl des reinen, klaren Wassers, das in ihren Körper fließt.

Kurze Momente, fix in den Alltag eingebaut können in Summe wertvoller und entspannender sein, als die Stunde Massage alle zwei Monate!

Literaturempfehlungen:

Das Anti-Burnout-Buch für Mütter,
Sigrid Engelbrecht – Kreuz Verlag

Schatz, wie war dein Tag auf dem Sofa?
Catherina Aanderud – Kösel

Experteninterview: Kinder und Sport

Lucia Migl ist Dipl. Body Vitaltrainerin und Dipl. Kindergartenpädagogin. Sie besucht ihre Kunden zuhause und bietet fachliche und individuelle Betreuung, perfekt in den Arbeitsalltag und das private Umfeld integriert. Ihr Trainingskonzept speziell für „Mummys & Daddys“ ist auf die Bedürfnisse der Eltern und Kinder ausgerichtet, denen oft nicht viel Zeit bleibt neben beruflichen, familiären und privaten Verpflichtungen. Das Trainingsprogramm kann individuell auf den Tagesablauf angepasst und in das tägliche Leben integriert werden.

Nähere Infos auf: www.mobilepersonaltraining.at

Warum ist Bewegung für Kinder so wichtig?

Bewegung gehört zu den elementaren Ausdrucksformen der Kinder. Sie ist Kennzeichen ihrer Lebensfreude und Vitalität. Aus pädagogischer, wie medizinischer Sicht ist das Rennen, Toben und „sich verausgaben“ wichtig für die körperliche und motorische Entwicklung des Kindes. Es regt das Herz-Kreislaufsystem an, trainiert die Muskulatur und verbessert die Koordinationsfähigkeit. Die motorische Entwicklung bildet die Voraussetzung für die geistige Entwicklung. Vor allem im vorschulischen Alter vollziehen sich grundlegende Entwicklungsprozesse. Sie bilden die Basis für das spätere Leistungsvermögen und Wohlbefinden. Bewegung hilft die Aufnahmefähigkeit und Denkleistung der Kinder zu verbessern, dies ist besonders in der Schulzeit besonders wichtig. Auch die Erfahrungen der Kinder von Können, Erfolg, der eigenen Leistungsfähigkeit und ihrer Grenzen erhöhen ihr Selbstvertrauen und die Selbstständigkeit.

Wie merke ich welche Sportart für mein Kind die richtige ist?

Bewegung soll Spaß machen und ohne Leistungsdruck geschehen. Sportarten, die im Team oder einer Gruppe ausgeführt werden eigenen sich besonders gut, da die Motivation gefördert wird und die soziale Kompetenz geschult wird, wie zum Beispiel: Fußball, Tanzen, Kinderturnen. Das spielerische Entwickeln der koordinativen Fähigkeiten soll im Vordergrund im Kindesalter sein. Fördern der aeroben Ausdauerfähigkeit ist bereits ab dem 3.-5. Lebensjahr möglich. Ausdauerbelastungen sollten in Spielform verpackt werden. Bei langen Wanderungen können Naturmaterialien gesammelt werden, die Spuren der Tiere verfolgt werden usw. Grundsätzlich soll Bewegung in den Alltag der Kinder integriert werden. Spezielle Sportarten richten sich nach den Interessen und dem Spaßfaktor des Kindes beim Ausüben des Sports.

Welchen Sport darf man in der Schwangerschaft machen? Oder soll man vorsichtshalber darauf verzichten?

Nein, Sport in der Schwangerschaft kann bei einer normal verlaufenden Schwangerschaft ohne Probleme ausgeführt werden, solange das Hauptaugenmerk auf Erhaltung der Leistungsfähigkeit des gesamten Organismus und der Psyche liegt und nicht kosmetischen Maßnahmen gilt. Vor allem die Ausdauerfähigkeit (Nordic Walking, Fahrrad, Stepper, Schwimmen) sollte regelmäßig trainiert werden. Auch ein kräftiger Rücken wirkt sich positiv auf die Körperhaltung aus, jedoch darf Krafttraining nicht zu intensiv sein (12-15 Wiederholungen).

Ab wann nach der Geburt darf wieder Sport betrieben werden? Ist Rückbildung empfehlenswert?

Ich rate Müttern in den ersten Monaten nach der Entbindung zu Bewegung und vollwertiger Kost, auf keinen Fall sollte während der Stillzeit gehungert werden. Um Schlafmangel entgegen zu wirken sollte zeitgleich mit dem Baby geschlafen werden.

Rückbildungsgymnastik und Beckenbodentraining sind besonders wichtig und kann bereits ein paar Tage nach der Geburt ausgeübt werden, wenn der Gesundheitszustand und der Arzt das Okay geben.

Einige Wochen nach der Entbindung kann mit ausgedehnten Spaziergängen an der frischen Luft begonnen werden (Joggen eignet sich anfangs aufgrund der Erschütterung nicht). Das Training kann ab 8 Wochen nach der Entbindung fortgesetzt werden. Mütter, die auch während der Schwangerschaft aktiv waren können umso schneller wieder in das Training einsteigen. Aber Achtung vor reinem Bauchmuskeltraining, dies hat aufgrund der Diastase (Lücke zwischen der geraden Bauchmuskulatur, lässt sich ertasten), bis sie sich geschlossen hat, negative Auswirkungen. Danach mit der schrägen Bauchmuskulatur beginnen. Besonders geeignet sind Ausdauersportarten, Pilates, Walking, Radfahren, Schwimmen und Ganzkörperübungen (z.B.: Kniebeugen).

Auf eine korrekte Übungsausführung und Haltung muss geachtet werden da die Bänder und Gelenke noch einige Monate relativ lose sein werden. Ich empfehle Kurse speziell für junge Mütter oder das Trainieren in Begleitung eines professionellen Trainers.

Ich habe keine Zeit für Sport, weil ich keine Kinderbetreuung habe ...

Nach der Entbindung gibt es viele Kurse, die gemeinsam mit dem Kind besucht werden können. Auch im Fitnesscenter wird immer häufiger Kinderbetreuung angeboten. Oft kann dies jedoch zum Stressfaktor werden und vom ungestörten, energieliefernden Training abhalten. Ich besuche meine Kunden zuhause, dies spart Zeit und Stress. Es kann ganz individuell auf den Rhythmus des Kindes und der Mutter eingegangen werden. Wichtig ist sich Zeit für sich zu nehmen von der man selbst, aber auch das Kind profitiert. Ebenso wie das Training ist eine kurze Auszeit in Form von einer heißen Duschen oder Bad nach dem Sport, dies ermöglicht mein Package speziell für Eltern: Training mit anschließender 30minütiger Kinderbetreuung.

Wenn die Kinder älter sind eignet sich gemeinsamer Sport am besten. Bewegung sollte in den Familienalltag integriert werden, es fördert das Gemeinschaftsgefühl und Kinder bauen einen Bezug zu mehr Bewegung und Spielen in der Natur auf.

Eltern haben eine Vorbildwirkung, deshalb sollte jeder Elternteil seinen eigenen Lebensstil sportlich und aktiv gestalten, nach der Arbeit nicht vor den Fernseher legen sondern die Zeit mit den Liebsten für Spaziergänge an der frischen Luft nützen und statt dem Aufzug, der Rolltreppe, dem Auto auch die Füße nützen.

Für fortgeschrittene Abenteurer

Wenn das zweite Kind kommt …

… ist schon in der Schwangerschaft alles anders!

Die erste Schwangerschaft wird bewusst genossen, das Umfeld ist begeistert und schont die werdende Mutter, man/ frau geht zum Schwangerenyoga und zur Geburtsvorbereitung, es ist Zeit für ausführliche Ruhestunden auf dem Sofa und für die Zwiesprache mit dem Ungeborenen.

Die zweite Schwangerschaft läuft mehr nebenbei. Nix Schweres heben? Wie denn, wenn der werdende große Bruder grade partout keinen Schritt mehr gehen will oder sich einem ausführlichen Trotzanfall hingibt. Schwangerengymnastik? Keine Zeit dazu – schließlich muss ja das erste Kind rechtzeitig vom Kindergarten geholt werden. Verständnis vom Umfeld? „Warum regst Du Dich denn auf? Wird schon genauso sein wie beim Ersten?“

Männer scheinen die zweite Schwangerschaft ihrer Partnerinnen auch lockerer zu nehmen – beim Windel-wechseln und dem nächtlichen Herumtragen haben sie sich schon als moderne Väter profiliert und keinen Zweifel daran, dass sie auch weiterhin alles bestens bewältigen werden.

Viele Fragen und das schlechte Gewissen

Frauen sind sich da schon eher der Änderungen bewusst, die das Baby im Alltag mitbringen wird und schlagen sich mit vielen Fragen herum: Was mach ich, wenn der Große mir beim Stillen keine Ruhe lässt und ausgerechnet dann aufs Klo muss, wenn ich das Baby gerade angedockt habe? Wie soll das gehen, zwei Kinder und mich selber bei Minusgraden in Stiefel, Jacke, Schal, Haube und Handschuhe zu kriegen? Wie wird denn der/die Große auf das Geschwisterchen reagieren?

In meinen Workshops für „Zweit-Mütter" werden diese Fragen meist ganz ausführlich diskutiert und viele Frauen sind froh, endlich mal Verständnis dafür zu finden und sich austauschen zu können.

Gleichzeitig erzählen viele Frauen auch von ihrem schlechten Gewissen dem zweiten Kind gegenüber. Es bleibt im Familienalltagstrubel kaum Zeit, sich dem heranwachsenden Baby im Bauch zu widmen oder ihm gar Musik vorzuspielen. Es bekommt ja jetzt schon so viel weniger Aufmerksamkeit als das Große – wie soll das denn werden, wenn es erst einmal auf der Welt ist? Kleiner Trost: Das Baby wird ganz viel Aufmerksamkeit von seinem großen Bruder oder seiner großen Schwester bekommen, da brauchen nicht mehr Sie als Mutter die ganze „Arbeit" zu leisten!

Vorbereitung auf die Geburt

Auch ein großes Thema: Das erste Kind auf das Baby vorbereiten! Wann sollen wir es ihm denn überhaupt sagen? Mein Tipp: Je jünger das große Geschwisterchen ist, umso später braucht es von der Schwangerschaft zu erfahren. Neun Monate sind für einen Zweijährigen eine unüberschaubare Zeit!

Spätestens dann, wenn der Bauch unübersehbar ist, oder die Schwangerschaft den Alltag beeinflusst – „Nein, die Mama kann jetzt nicht mit Dir gemeinsam rutschen!"– ist es Zeit, dass das Kind vom Geschwisterchen erfährt.

Als Anschauungsmaterial gibt es hervorragende Kinderbücher für die unterschiedlichen Altersstufen, in denen der Alltag mit einem Baby auch ganz realistisch beschrieben wird. Das finde ich ganz wichtig zu vermitteln, dass das Baby vorerst nicht zum Spielkameraden taugt, sondern viel Aufmerksamkeit und Zeit braucht!

Geben Sie Erklärungen aber nur dann, wenn das Kind fragt und sagen Sie nur so viel, wie es wissen will! Sie können das große Kind aber bereits gut in die Vorbereitungen für das Baby mit einbeziehen – zum Beispiel, wenn Sie die alte Babykleidung sortieren. Oder das Große darf eine Spieluhr für das Baby aussuchen und ihm die Musik auch schon vorspielen!

Zeigen Sie dem Großen die Bilder oder Filme aus seiner eigenen Babyzeit – es sieht so schon frühzeitig, dass es all diese Aufmerksamkeit auch bekommen hat! Natürlich schützen all diese Maßnahmen nicht hundertprozentig vor Eifersucht – im Gegenteil, gerade gut und umfassend vorbereitete Kinder reagieren in der ersten Zeit sogar eher eifersüchtig, weil sie sich der Tragweite des Ereignisses bewusst sind!

Die Geburt selbst

Auch hier wird's ein Stück schwieriger – schließlich kann man ja nicht einfach ins Spital fahren, wenn die Geburt losgeht! Rechtzeitig vorsorgen, so dass mehrere Möglichkeiten bestehen, wo das Große untergebracht werden kann. Denn das ist genau der Moment, in dem dann jemandes Handy nicht geht oder sonstige unvorhersehbare Dinge passieren.

Am besten ist wohl, wenn der Alltag des großen Kindes so weit wie möglich „normal" weitergeht – Kindergarten, Essenszeiten oder auch Rituale beim Schlafengehen sollten von der Betreuungsperson weitergeführt werden.

Beim ersten Besuch im Krankenhaus wirken Mama und Baby im Doppelpack für manche Kinder stark überfordernd. Vielleicht können Sie es so einrichten, dass das Große erst einmal seine Mama allein sehen kann und dann erst das Baby – es vielleicht sogar mit dem Papa aus dem Kinderzimmer holen kann! Das Kind fühlt, dass es der neuen Situation nicht ausgeliefert ist, sondern selbst mitgestalten kann.

Eifersucht hat viele Gesichter

Eifersucht kann sich in vielen Formen ausdrücken. So ignorieren manche Kinder ihre Mutter tagelang nach der Geburt des zweiten Kindes, was für die Mutter sehr frustrierend sein kann. Werten Sie das eher als eine „Notreaktion" Ihres Kindes und nehmen Sie es möglichst nicht persönlich. Andere Kinder wiederum ignorieren das Baby, in der Hoffnung, dass sich diese „Sache" vielleicht von selber wieder regelt.

Wieder andere werden oft krank – der Stress der Umstellung im Familienleben schwächt ihr Immunsystem.

Die meiste Angst haben Eltern wohl davor, dass das Große dem Kleinen wehtun könnte – dabei ist nicht alles gleich als aggressiver Angriff zu verstehen. Es kann auch ein rein wissenschaftliches Interesse dahinterstecken. „Wie weit passt mein Finger nun in dieses kleine Nasenloch?" Die beste Hilfe bei Angriffen seitens des Größeren? Nehmen Sie das Baby ins Tragetuch – so spürt es Ihre Nähe und Wärme, ist gleichzeitig aus der Reichweite und Sie haben sogar noch die Hände frei, um Memory zu spielen!

Noch eine Möglichkeit ist das „Einfordern von Aufmerksamkeit durch kreativen Unsinn". Ein Kind lernt recht schnell, dass Mama das Baby aus der Hand legt, wenn es Orangensaft in die Sockenlade schüttet – je gelassener Sie reagieren, umso schneller hört das wieder auf! Beziehen Sie das große Kind in die Aufräumarbeiten ein, aber machen Sie kein Spiel daraus.

Der neue Alltag

Bis sich alles eingespielt hat und jeder in der Familie seinen neuen Platz gefunden hat, kann es bis zu einem Jahr dauern – geben Sie sich also Zeit. Sie schaffen das bestimmt!

Literaturempfehlungen:

Wenn das zweite Kind kommt,
Regina Hilsberg – Velber Buchverlag (leider nur mehr gebraucht!)

Geschwisterstreit

Gleich vorweg zu Ihrer Beruhigung – dass Geschwister rivalisieren, hat nichts damit tun, dass Sie etwas falsch machen! Wo Geschwister sind, ist auch Rivalität – das gilt es zu akzeptieren. Besonders groß ist die Rivalität zwischen Brüdern mit geringem Altersabstand, weniger konkurrieren Brüder mit Schwestern sowie Geschwister mit größerem Altersabstand.

Viele Eltern freuen sich direkt nach der Geburt des zweiten Kindes, dass ihr Großes so gar keine Eifersucht zeigt. Naja, so ein friedliches Neugeborenes ist ja auch noch nicht wirklich störend – aber wehe, das Kleine beginnt zu krabbeln und die ersten Legotürme des Großen zu zerstören …

Geschwister sind wie Indianer, entweder auf dem Kriegspfad oder sie rauchen die Friedenspfeife. *Kurt Tucholsky*

Woher kommt die Rivalität?

Nun – im Prinzip geht es immer um die Frage, wem gehört der größere Platz in Mamas oder Papas Herz? Wen haben sie wohl lieber? Jedes Kind befürchtet nicht genug geliebt zu werden.

Aus der Sicht des großen Kindes ist es völlig unverständlich, warum da plötzlich so ein kleines schreiendes Bündel herangekarrt wird, mit dem man so gar nichts anfangen kann. Warum bloß – wir hatten es doch auch so schön? Plötzlich soll es Rücksicht nehmen, teilen und nicht mehr im Mittelpunkt stehen. Entthronungstrauma nennt das die Psychologie.

Im Laufe ihres Lebens suchen sich Geschwister ihre eigenen Nischen, in denen sie reüssieren können. Ganz selten sind Geschwister, die im exakt gleichen Bereich erfolgreich sind – wie zum Beispiel Michael und Ralf Schumacher im Autorennsport. Meist wird ein Kind eher sportlich sein, während das zweite sich technisch interessiert und das dritte im künstlerischen Bereich Erfüllung findet. Dann wird auch die Rivalität weniger, aber das dauert.

Wir behandeln doch eh alle gleich …

Vergessen Sie die Idee, Ihre Kinder gleich und somit gerecht behandeln zu wollen, das wird schiefgehen! Ihre Kinder sind unterschiedlich alt, haben unterschiedliche Bedürfnisse und auch unterschiedliche Rechte und Pflichten. Wenn Sie Kinder gleich behandeln, fühlt sich schnell mindestens einer benachteiligt. Es macht keinen Sinn, einem 4-Jährigen Taschengeld zu geben, weil es der 7-Jährige auch schon bekommt.

Das älteste Kind wird immer das älteste Kind bleiben – und das will es auch irgendwie spüren. Überlegen Sie, welche Rituale Sie dafür wählen und in den Familienalltag einführen können! Vielleicht darf das Ältere abends länger aufbleiben oder schon einmal allein zu einem Freund spielen gehen, bei Oma und Opa übernachten oder im Kino einen Film für große Kinder schauen. Verzichten Sie auch besser darauf, das Große vor dem Kleinen zu maßregeln – verschieben Sie das besser auf ein Gespräch unter vier Augen, nur unter uns Großen!

Und das kleinere Kind wird über Vorrechte des Größeren traurig oder wütend sein und das darf es auch sein. Natürlich werden Sie es trösten, aber – um beim Beispiel Schlafenszeit zu bleiben – ein Vierjähriger hat nun mal (meist) einen höheren Schlafbedarf als ein älteres Kind und muss deshalb früher ins Bett. Ziel ist es, jedem Kind in seinen Bedürfnissen gerecht zu werden!

Was kommt aus Ihrer Familiengeschichte?

Hilfreich ist es auch, sich einmal seine eigene Geschichte anzuschauen – wie wir mit unseren Kindern umgehen, hat viel damit zu tun, was wir selber als Kinder erlebt haben. Waren Sie selbst ein Großes, das immer zum Vernünftig-Sein und Nachgeben angehalten war? Dann besteht die Gefahr, dass Sie das entweder auch von Ihrem Großen einfordern oder bei Streitigkeiten vermehrt zu ihm helfen, weil Sie für seine Position viel Verständnis aufbringen können.

„Mama, der hat schon wieder… !"

Gerade noch haben sie so schön zusammen gespielt, plötzlich tönt Geschrei aus dem Kinderzimmer gefolgt vom Sturm ins Wohnzimmer und dem empörten „Mama, der hat schon wieder mein Bauwerk zerstört!"

Probieren Sie mal die folgende Antwort: „Ich möchte jetzt nichts von deinem Bruder/deiner Schwester hören – erzähl mir was von Dir, denn Du bist mir wichtig!" Hier geht's nicht um Ablenkung, sondern ums Übersetzen in eine ICH-Botschaft. „Ich hab mir so viel Mühe gegeben und jetzt bin ich stinksauer, weil es nicht gelungen ist!"

Einmischen in Geschwisterstreit – ja oder nein?

Schwierige Frage, denn beides hat Vor- und Nachteile! Ohne Einmischung gelangen die beiden Streithähne vielleicht zu einer eigenen Lösung, sie erleben sich als kompetent und lernen dadurch verhandeln, diskutieren und Kompromisse schließen. Ist jedoch der Alters- und Kräfteunterschied sehr groß, besteht die Gefahr, dass immer der gleiche als „Sieger" aus einem Streit herausgeht.

Einmischen in Geschwisterstreit - Die Vor-und Nachteile im Überblick	
JA	**NEIN**
Das Kind lernt - Konflikte fair und konstruktiv austragen - Streitregeln einhalten	Das Kind lernt - Auseinandersetzungen selbst zu bewältigen - Argumentieren und Verhandeln
Mögliche Nachteile - Der eingreifende Elternteil wird als parteiisch empfunden - Verantwortung für Lösung wird an den Streitschlichter delegiert	Mögliche Nachteile - Ein Kind setzt sich ständig durch (z. B. immer das Ältere oder Stärkere)

Wenn Sie sich in einen Geschwisterstreit einmischen, vermeiden Sie es, den Schiedsrichter spielen zu wollen. Oft erkennen wir Erwachsene nicht den Kern des Problems und können es somit auch nicht gerecht lösen.

Die Folge? Mindestens einer der beiden Kontrahenten meint ungerecht behandelt zu werden und sinnt höchstwahrscheinlich bald auf Rache!

Versuchen Sie lieber erstmals die Streithähne zu beruhigen, falls sie schon handgreiflich waren, sie zu trennen. Dann darf jeder seinen Standpunkt und seine Wünsche darlegen, anschließend fragen Sie: „Was können wir jetzt tun, damit ihr beide zufrieden seid?“ Die Lösung aber bleibt bei den Kindern, Sie können allenfalls versuchen, Vorschläge zu bringen.

Je kleiner die Kinder, desto öfter werden Sie wahrscheinlich eingreifen müssen und als Mediator die Konfliktlösung begleiten – und so Ihre Kinder auch angemessene Umgangsformen lehren – aber lassen Sie die Kinder auch mal probieren, den Konflikt selbst zu lösen. Vielleicht gewöhnen Sie sich an, vor dem Eingreifen noch ein- oder zweimal tief durchzuatmen, um die Situation genau einschätzen zu können!

Streitregeln

In einer ruhigen Stunde können Sie mit Ihren Kindern besprechen, welches Verhalten bei einem Streit hilfreich ist und welches nicht. Daraus lassen sich dann sogenannte Streitregeln ableiten, die man sogar auf einem Plakat aufschreiben oder bei kleineren Streithähnen mit Bildern sichtbar machen kann – (wenn Sie Streitregeln googeln, finden Sie brauchbare Bilder, wenn Sie nicht selber künstlerisch tätig werden wollen!)

Streitregeln könnten lauten:

- Ausreden lassen
- Wir gebrauchen keine Schimpfwörter
- An den Haaren ziehen verboten!

Literaturempfehlungen:

Wenn Geschwister streiten,
Christine Kaniak-Urban – Kösel

Über die Autorin

Vera Rosenauer ist ausgebildete Elternbildnerin, Lebens- und Sozialberaterin mit Schwerpunkt Erziehungsberatung sowie Dipl. Ernährungstrainerin. Sie begleitet junge Familien in allen Fragen der Erziehung und Ernährung. Unter dem Namen Abenteuer Erziehung bietet sie praxisbezogene Workshops für werdende Eltern und Eltern von Kleinkindern (0-8 Jahre) an. Als ausgebildete Erziehungsberaterin ist es Trainerin Vera Rosenauer in den Workshops wichtig, dass abseits der Theorie immer viel Platz für Diskussion, Austausch und individuelle Fragen bleibt. Neben ihrer Erfahrung als Mutter bringt sie viel Humor mit und vermittelt, dass Erziehung außer harter Arbeit auch viel Freude machen kann. Vera Rosenauer ist 1970 geboren und hat zwei Töchter, sie lebt und arbeitet in Wien.

Service

Das komplette Seminarangebot der Autorin sowie weitere Literaturempfehlungen inklusive Rezensionen finden Sie unter www.abenteuer-erziehung.at

Um Gesundheit, Ernährung und Wohlbefinden geht es im Blog www.abenteuer-alltag.at

Ein allerletzter Buchtipp noch – weil manchmal einfach nur mehr Humor hilft ;-)

Baby Blues,
Rick Kirkman & Jerry Scott – achterbahn